MARIO RUBERI

FISIOGNOMICA
E GRAFOLOGIA

Per comprendere il carattere

delle persone

PRIMA PRESENTAZIONE

La grafologia e la fisiognomica, nonostante non abbiano completo riconoscimento nelle aule di tribunale quali elementi che concorrano a formare la prova in un dibattimento, offrono comunque spunti di riflessione che non possono lasciare indifferenti il lettore che si avvicina a tali materie.

È affascinante addentrarsi nei meandri di questi studi, considerato che, soprattutto la fisiognomica, sollecita considerazioni che comunque influenzano ancor'oggi, a torto o ragione, le relazioni sociali.

Pur non ottenendo una piena approvazione scientifica, grafologia e fisiognomica possono ampliare gli orizzonti dell'investigatore, il quale potrà integrare alle consolidate metodologie d'indagine, nuovi suggerimenti provenienti da queste scienze.

Della fisiognomia si fa largo uso ai fini investigativi per la comparazione dei volti di autori artefici di reato, con immagini riprese delle videocamere di sorveglianza; la grafologia, intesa più propriamente come perizia calligrafica, interviene sovente, per l'attribuzione di uno scritto al termine di elaborate comparazioni di saggi grafici.

Nella sua opera, Mario Ruberi, sollecita il lettore alle dinamiche e alle regole del diritto penale e di quello civile, oltre ad utilizzare questi studi nella vita di tutti i giorni e nelle relazioni interpersonali.

Coloro che avranno il piacere di imbattersi nella lettura di questo libro, saranno affascinati dalla possibilità di cimentarsi in prima persona, anche solo con finalità puramente ludiche, nell'interpretazione della scrittura di persone a loro vicine, nell'analisi delle caratteristiche fisiognomiche di amici, colleghi o vicini di casa, per verificare in pratica la fondatezza delle tesi illustrate dall'autore.

Il nutrito numero di analisi proposte da Ruberi, non potrà non coinvolgere l'appassionato lettore e trovarlo in disaccordo con le conclusioni circa queste argomentazioni trovate dall'autore, che è riuscito ad evidenziare le caratteristiche psicologiche e comportamentali di soggetti quali scrittore, scienziati, musicisti e politici citati nel saggio.

Torino 30 settembre 2014

Sergio Molino

Primo Dirigente della Polizia di Stato

SECONDA PRESENTAZIONE

La fisiognomica è una disciplina pseudo-scientifica che pretende di dedurre i criteri psicologici e morali di una persona a partire dal suo aspetto fisico, in particolare dai lineamenti e dalle espressioni del volto.

La grafologia invece è una tecnica che presume di dedurre alcune caratteristiche psicologiche di un individuo attraverso l'analisi di una grafia.

Oggi i criteri diagnostici per evidenziare le caratteristiche psicologiche o psicopatologiche di un soggetto comprendono un'analisi olistica della persona con una griglia di valutazione che possiamo definire bio-psico-sociale, ovvero, lo studio della dimensione biologica (ormonale, neurotrasmettitoriale..), psicologica (sintomatologia, benessere psicologico e relazionale..) e sociale (buon funzionamento e integrazione micro e macro sociale).

L'autore Mario Ruberi è riuscito con questo libro a raccogliere, da buon pioniere, le basi su cui poggiano le attuali conoscenze e capacità psicologiche e psichiatriche di poter comprendere tratti di personalità, di carattere e di psicopatologia.

Dott. Alfonso Papa

Psichiatra e psicoterapeuta specializzato in psicologia giudiziaria e psicopatologia forense

PREFAZIONE

Questo libro viene approntato con l'intento di divulgare in forma chiara ed esaustiva una metodologia di per sé articolata, per le innumerevoli varianti presenti nel volto umano, oggetto principale delle osservazioni fisiognomiche.

Da sempre l'uomo nei suoi rapporti interpersonali ha cercato di cogliere negli anfratti di un viso, nelle profondità di uno sguardo, un'insidia sopita, una doppiezza, una menzogna edulcorata; oppure un'espressività franca, leale, spontanea.

Tale ricerca interessò antichi maestri da Plinio il Vecchio ad Aristotele, da Ippocrate a Tommaso d'Aquino, al napoletano Gian Battista Porta e più recente Eugène Ledos, Julien Leclercq, Cesare Lombroso ecc...

Fu proprio Leclercq ad affermare:

"Tutti sanno cosa si intende per FISIOGNOMONIA. È la scienza che mira a conoscere la natura interiore dell'uomo attraverso la sua natura esteriore; in altre parole, dall'anima attraverso il corpo".

La Fisiognomica è un'arte antichissima; già Salomone nei suoi Proverbi ci lasciò scritto: "Come si vede riflessa nell'acqua la faccia di colui che vi si mira, così il cuore dell'uomo si scopre agli occhi del saggio".

Aristotele, Galeno, Marc'Aurelio, furono anch'essi alcuni degli acuti osservatori e studiosi dei tratti somatici.

Lungo il corso degli anni altri cultori ampliarono queste conoscenze; meritevole fu l'opera di Gasparre Lavater che nel 1700, avvalendosi del metodo sperimentale, ne fissò le regole ed i principi generali.

Saper riconoscere gli onesti e poter smascherare in tempo i disonesti facilita certamente il percorso della nostra esistenza.

Dunque familiarizzare col volto di una persona può facilitare la comprensione del suo temperamento.

Lo studio della fisiognomica e della grafologia, rendono più agevole la comprensione tra individui, favorendo migliori relazioni sociali e rendendo la vita più serena e felice.

L'Autore

Parte Prima

LE ORIGINI DELLA FISIOGNOMICA

Questa metodologia relativamente semplice, e a costo zero, permette l'acquisizione di informazioni utili alla comprensione di persone con le quali si viene a contatto.

Fin dalle epoche più antiche i filosofi, i medici, i sacerdoti, i maestri, gli uomini d'affari o di governo hanno cercato di individuare nei tratti del viso, nella forma del cranio, nelle orecchie, nella voce, nel comportamento del corpo quelle caratteristiche che indicassero talune tendenze, prerogative o indole o malesseri, poiché è risaputo che esiste una correlazione tra carattere psicologico e costituzione fisica.

Già Ippocrate, il principe dei medici dell'antichità (460 – 377 a.C.) che seppe equilibrare nella medicina la teoria e l'osservazione, aveva classificato gli uomini in quattro raggruppamenti, a secondo del loro aspetto fisico a cui corrispondeva un determinato temperamento:

Tipo Solido e Robusto: il cui carattere risulta socievole, franco e loquace;

Tipo Magro e Ossuto: il cui carattere è un po' chiuso, talvolta anche scontroso;

Tipo Bilioso: persona magra, eretta, colorito giallastro; Temperamento collerico o aggressivo;

Tipo Linfatico o Flemmatico: grasso, carattere debole, spesso succube di altre persone.

Le intuizioni ed i metodi messi in atto per comprendere il carattere umano, basati sull'osservazione dei tratti del volto, della voce e dai movimenti del corpo, risalgono ad epoche antichissime.

Disse Cicerone: "Nella faccia c'è tutto".

Effettivamente il viso è la sede principale dell'espressione, la parte del corpo più esposta al giudizio e spesso rappresenta l'individuo nella sua totalità.

Ippocrate ed Aristotele scrissero in merito dei veri e propri trattati.

Ai mussulmani dobbiamo una versione abbreviata di Aristotele (*sirr-al'asrai* o *Secretum secretorum*) sotto forma di lettere ad Alessandro Magno, dove il filosofo dà al re alcuni consigli sul modo in cui è necessario osservare l'aspetto fisico degli uomini nella delicata scelta dei consiglieri.

Anche Dante fa riferimento al volto: (Inferno III 20)

> *"E poi che la sua mano alla mia pose,*
> *con lieto volto, ond'io mi confortai,*
> *mi mise dentro alle segrete cose".*

E ancora Dante nella "Vita Nuova" 22- 77, scrive:

"Diede Iddio nell'uomo la faccia levata
e ordinò che mirasse il cielo, acciochè
così il volto dell'anima, come quello
del corpo, fosse al cielo drizzato".

La Fisiognomica si diffonde in Occidente nel XIII sec. Con le prime traduzioni dai trattati arabi (prima essa veniva ignorata dai più).

Opera fondamentale fu quella di Giovanni Battista Della Porta del 1586 *"La Fisionomia dell'huomo"* che tiene conto anche della medicina universale.

Il viso dev'essere esaminato sotto l'effetto delle passioni.

Le deformità esterne indicano quelle interne.

Fra i tanti studiosi e cultori della fisiognomica ricordiamo:

- **Giovanni Gaspare,** (1741-1801) letterato svizzero ma di origine italiana fu tra i primi ad ordinare in modo analitico questi studi e a creare il metodo fisiognomico.

- **Francesco Giuseppe Grall,** (1758-1828) medico tedesco di Baden approfondì la fisiologia del cervello che chiamò "frenologia".

- **Lavater,** (1741-1801) scrisse un copioso trattato sulla fisiognomica.

- **Peruchio**, (XVI sec.) Fisionomista e chiromante studiò le linee della fronte.

- **Mantegazza**, Professore responsabile del Museo di Storia Nazionale di Firenze, scrisse sulla fisiognomica quale "Espressione del sentimento".

- **Goethe**, (1749-1832) Letterato tedesco, archeologo, poeta cultore delle scienze (tedesco) scrisse: "La presenza dell'uomo, la figura, la sua fisionomia rappresentano la miglior forma di comprensione per tutto quanto si può dire di lui".

- **Vincenzo Gioberti**, La fisionomia dell'uomo simboleggia l'anima.

- **Darwin** (1809-1882), naturalista, ricercatore, cultore delle scienze e autore del famoso trattato sulle "Origini della Specie"

- **Jung,** sintetizza e divide in due tipi fondamentali: gli introversi e gli estroversi.

 - **Lander,** che dalla sottocultura fa derivare i tanti squilibri psicologici.

- **Cohen**, Approfondisce le ricerche sulla criminalità di gruppo da parte dei minori.

- **Sheldon,** e gli italiani Gian Battista Porta, Viola, Pende ed il Lombroso sul quale stendiamo una breve nota a fronte della sua poderosa attività nel campo della psicologia, della psico-somatica, nonché creatore in Torino del Museo di Criminologia.

-      **Rudolf Steiner**, (1861-1925) fondatore dell'antroposofia, formula la sua teoria dei temperamenti, in base a queste inclinazioni: al tipo Sanguigno corrisponde allegria e vivacità. Al Flemmatico la pigrizia e la scrupolosità. Al Malinconico la tristezza ed il silenzio. Al Collerico l'energia e l'irritabilità.

CESARE LOMBROSO
ed IL POSITIVISMO ITALIANO

Per meglio comprendere la vita e l'opera del Lombroso dobbiamo soffermarci brevemente ad esaminare il clima culturale e sociale del secolo in cui visse ed il movimento positivista al quale egli si ispirò.

Fu il francese Augusto Comte ad indicare con il termine "POSITIVISMO" quella corrente culturale e filosofica sorta nell'Ottocento e che influenzò gran parte della cultura europea, abbracciando tutti i campi delle attività umane.

Un'analisi più ampia ci richiama al secolo precedente, ossia al 1700, allorché gli Illuministi, basandosi e rivalutando la "Dea Ragione", avevano formulato nuovi concetti filosofici ed avevano dato inizio alle grandi catalogazioni dei regni della natura, estendendo le loro ricerche avvalendosi di metodi scientifici, in antitesi con un passato più incentrato sulla metafisica, sulla religione, sull'umanesimo.

È quindi lecito pensare che il Positivismo dell'800 altro non fosse che il proseguimento e l'estensione dell'opera cultural-scientifica del secolo settecentesco.

Il pensiero positivista trova quindi la sua ragion d'essere nelle nuove scoperte scientifiche, nei rapidi progressi delle tecnologie, nella progressiva evoluzione della società e nella maggior disponibilità del cittadino ad occuparsi anche degli aspetti sociali e politici, favorendo in tal modo un clima più democratico e più responsabile e teso alla soluzione di realtà contingenti.

Cesare **LOMBROSO** nasce a Verona nel 1835 (1835-1909) da Zefora Levi e Aronne Lombroso, famiglia benestante di commercianti ebrei;

<u>Anno 1858</u>:   Si laurea in medicina all'università di Pavia con una tesi sul cretinismo in Lombardia e successivamente si laurea in chirurgia;

<u>Anno 1859</u>:   si arruola volontario nella Campagna di Guerra come medico dell'esercito Piemontese;

<u>Anno1863</u>: sempre in Pavia approfondisce i suoi studi sull'Antropologia;

<u>Anno 1873</u>: espone a Vienna un'apparecchiatura da lui ideata denominata **SITOFORO**; una specie di sonda impiegata per l'alimentazione forzata per i pazzi;

<u>Anno 1876</u>: diviene Ordinario di Psichiatria alla Clinica Psichiatrica dell'Università di Torino;

<u>Anno 1881</u>: già residente nella città di Torino viene nominato Membro Ordinario del Consorzio della Provincia di Torino;

<u>Anno 1898</u>: crea in Torino il Museo di Psichiatria e Criminologia;

<u>Anno 1902</u>: viene eletto Consigliere Comunale di Torino nel Partito Socialista;

<u>Anno 1909</u>: muore il 19 ottobre e lascia le sue spoglie al Museo.

Cesare Lombroso 1835-1909

Fu scrittore fecondo: *"L'uomo delinquente"*, *"Uomo di Genio"*, *"Genio e Follia"*, *"Il Delitto Politic"*o, ecc...

Infaticabile lavoratore era conscio che le sue teorie andavano controcorrente e pagò di persona il prezzo dello scandalo e dell'incomprensione.

Si specializzò nelle malattie della Pellagra, Dermatosi, Diarrea, Demenza (così definì lo sviluppo delle 3 D).

Credette all'influenza dei moti lunari sugli alienati e sugli epilettici (donde in molti paesi europei il pazzo viene chiamato "Lunatico" e l'epilettico tocca sovente uomini tristi o dementi).

Studiò la vita del brigante Musolino sul quale pendeva una taglia di 50.000 lire, di lui scrisse che era solo un mezzo criminale poiché così era diventato per cause sociali; lo ritenne molto intelligente.

Combatté l'ipnotismo che ritenne molto dannoso.

APPROCCIO ESPLORATIVO

L'esplorazione della parte visiva del corpo può iniziare con la "collocazione" del soggetto da esaminare in una delle forme o tipologie "primarie" che andremo ad analizzare nei tipi fondamentali, ossia il:

- ❖ Tipo Rotondo
- ❖ Tipo Triangolo
- ❖ Tipo Quadrato
- ❖ Tipo Ovale
- ❖ Tipo a Trapezio
- ❖ Tipo a Rettangolo
- ❖ Tipo detto a Conoide

Andiamo ora ad approfondire altre osservazioni che derivano dalle forme primarie a quelle miste o compenetrate.

Queste forme chiamate Primarie o Raggruppamenti non sono un'invenzione umana, anche se taluni ne hanno fatto una catalogazione, ma sono semplicemente il frutto di una osservazione di ciò che già esiste in natura.

È pur vero che nessun uomo è uguale ad un altro, ma è altrettanto vero che esistono compagini di individui che possiedono all'incirca le stesse sembianze e ciò determina inclinazioni comparabili.

Dopo una prima inquadratura del soggetto considerato si passa ad esaminare le singole parti del volto, ossia: la fronte, gli occhi, il naso, la bocca, le orecchie, le rughe del viso e quelle della fronte, il sorriso, ecc...

Ed infine la voce, le mani ed il linguaggio del corpo nei suoi vari atteggiamenti.

Se l'analisi è condotta in modo corretto ne verrà fuori un quadro soddisfacente, anche se occorre tener conto che il nostro responso non potrà mai essere assoluto, poiché nella natura umana e nella profondità del suo essere esistono elementi insondabili.

Una individuazione più completa può essere determinata dallo studio della grafologia poiché anche la scrittura esprime il carattere di una persona, specialmente la firma di ognuno di noi.

Fra i tanti elementi che concorrono alla individuazione delle inclinazioni e dei caratteri occorre anche valutare la componente culturale dell'individuo, nonché l'ambiente nel quale è vissuto o vive e le sue esperienze esistenziali.

Secondo il prof. Mc Lean ogni volto umano può essere inscritto in una o più figure geometriche e ciò può rivelare le tendenze caratteriali.

Esaminiamole singolarmente.

TIPO ROTONDO: AFFETTIVO

Tipo affettivo, sensitivo o istintivo.

Questo tipo percepisce attraverso

tutti i sensi:

vista - udito - tatto - olfatto - gusto.

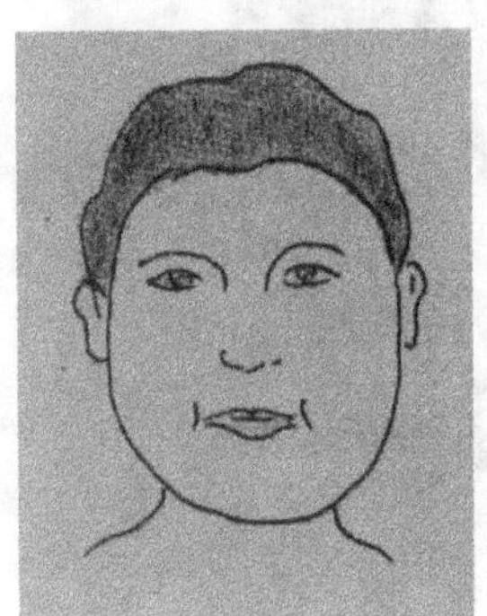

Può essere un ottimo commerciante,

riuscendo talvolta a convincere anche gli avversari.

Socievole e amante della compagnia. Ama la famiglia.

Ama il benessere, il lusso e la comodità.

Cerca il minimo sforzo. È ambizioso. Ama la buona   tavola.

Il tipo rotondo normalmente non è molto alto, è grassottello, ha molta vitalità.

Gli argomenti e le parole che apprezza sono:

Comodità, Semplicità, Facilità, Utilità, Vantaggi, Moda, Risparmio, Occasione, Senza Fatica.

RIFERIMENTI COMPARABILI A PERSONAGGI NOTI

Honorè de Balzac

Giovanni Pascoli

Grazia Deledda

TIPO TRIANGOLARE: INTELLETTUALE

Tipo intellettuale o mentale, dal

temperamento romantico.

In genere alto e magro.

Percepisce la vita attraverso il

"sapere" e il "ragionamento".

Con queste persone occorre ragionare e dirigersi al suo intelletto:

Il triangolo è il simbolo della resistenza e della penetrazione (come un cuneo). È il simbolo della perfezione divina, è un magazzino di idee ed è un ragionatore.

È molto attento e può diventare critico. Curioso, preciso, raffinato, ama la Storia e l'Araldica, la Ricerca e l'Indagine.

Non è sempre un buon commerciante. Acquista un oggetto se è bello (più che robusto), se ha stile, se è artistico o esclusivo, estetico.

<u>Suo punto debole</u>: vuol ragionare su tutto. Un po' egoista, anche se talvolta è un filantropo. Nervoso.

Argomenti e parole che ama ascoltare: Precisione, Tradizione, Prestigio, Cultura, Arte, Disegno, Antiquariato, Eccellenza, Amicizia duratura, Ingegnosità.

RIFERIMENTI COMPARABILI A PERSONAGGI NOTI

Giuseppe Mazzini

Luigi Pirandello

Ryan Goslin

TIPO QUADRATO: PRATICO

Trattasi di tipo pratico, ama i fatti e non le parole, normalmente rimane sulle sue posizioni.

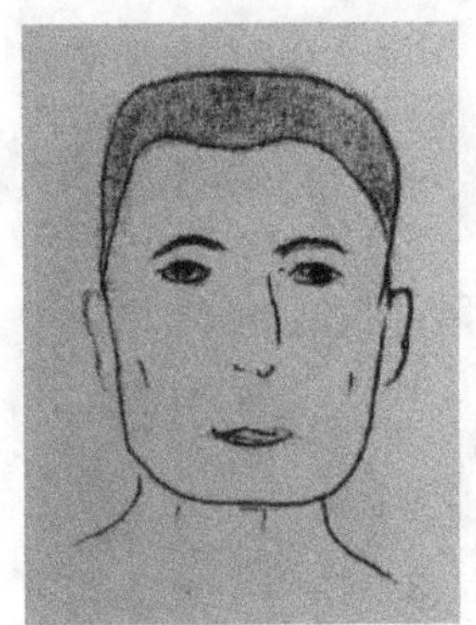

Il tipo quadrato ha una costituzione robusta che dura tutta la vita.

Crede solo in ciò che è provato dai fatti concreti, collaudati.

Vuole la dimostrazione su tutto. Poco incline all'arte.

Persona con i nervi saldi, altruista, portato al comando, sincera, pratica, rapida nelle decisioni.

Ha una certa predisposizione alle materie scientifiche.

<u>Suo punto debole:</u> un po' cocciuto. Inoltre avendo una eccessiva fiducia nelle proprie capacità ciò può portare l'individuo a non ascoltare volentieri i consigli degli altri, peccando talvolta di presunzione.

RIFERIMENTI COMPARABILI A PERSONAGGI NOTI

Johann Wolfgang von Goethe

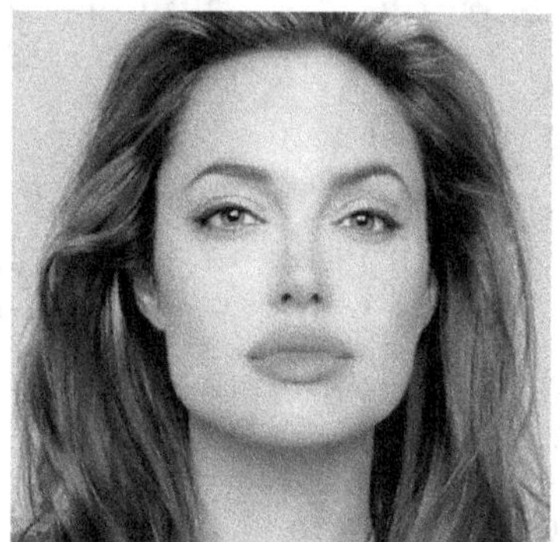

Angelina Jolie

Lev Tolstoj

TIPO RETTANGOLO

Il viso allungato a rettangolo e i

lineamenti sfuggenti e superficiali

 indicano una persona poco decisa,

portato alla contemplazione o

alla vita mistica.

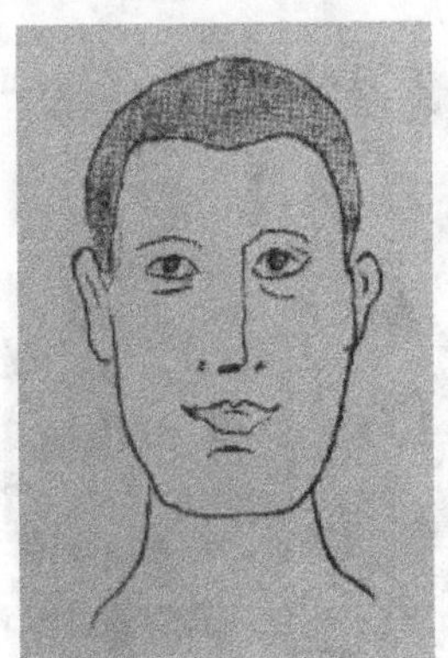

Persona instabile con timori di non riuscire a realizzare le cose in tempo. Tale paura può far nascere in lui dei complessi di inferiorità.

Persona leale con attaccamento alle tradizioni.

<u>Suo punto debole</u>: poco costante nell'agire, anche se ottimo lavoratore.

RIFERIMENTI COMPARABILI A PERSONAGGI NOTI

Alanis Morrissette

Alberto Moravia

Henry Cavill

TIPO OVALE

Non eccessivamente pratico, persona
amabile, affettuosa, versatile, ispirata,
impressionabile. 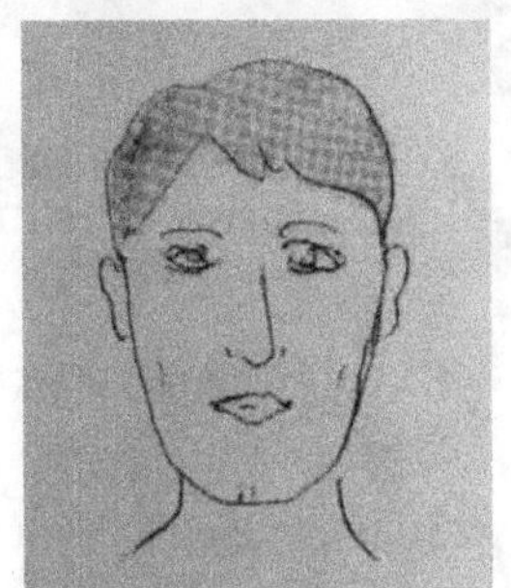

Mai invidioso. Intelligente.

Irradia magnetismo (aspetto bello).

Intuitivo. Un po' capriccioso.

<u>Suo punto debole:</u> un po' ozioso, indipendente, capriccioso. Poco
incline agli affari. Credulone. Suscettibile. Difficile fargli cambiare
idea se si impunta.

RIFERIMENTI COMPARABILI A PERSONAGGI NOTI

Curzio Malaparte

Trilussa

TIPO TRAPEZIO

(con la punta verso il basso)

Tipo allegro, gioviale, ottimista, ama la compagnia, la buona tavola, i piaceri della vita. Rifugge la noia.

<u>Suo punto debole</u>: un po' fanciullesco e poco fedele in amore.

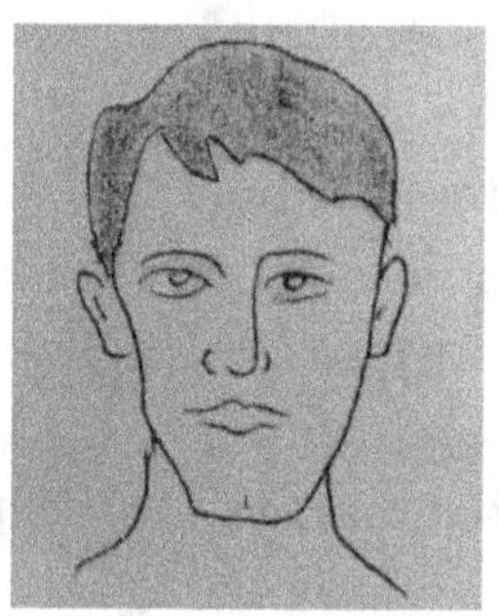

RIFERIMENTI COMPARABILI A PERSONAGGI NOTI

Jennifer Lopez

Salvatore Quasimodo

TIPO CONOIDE

(o TRIANGOLO a BASE INFERIORE)

Questo tipo ha le caratteristiche quasi

opposte a quelle del tipo a Triangolo.

In questo caso predomina la parte

 inferiore e ciò indica una

predisposizione alla

praticità.

Anche se l'intelligenza in queste persone non è il dono supremo

in compenso le loro capacità diplomatiche, unite

Ad una certa scaltrezza, gli permettono di superare facilmente

molti ostacoli.

Abili amministratori.

<u>Punto debole</u>: amano essere al centro dell'attenzione e amano i

riconoscimenti.

Vanitosi e indolenti. Autoritari. Audaci, Egoisti.

Amano troppo le ricchezze. Sensuali. Materialisti.

RIFERIMENTI COMPARABILI A PERSONAGGI NOTI

John Belushi

Jim Carrey

GIOVANNI BATTISTA DELLA PORTA

1535-1615

Alchimista, filosofo positivista, commediografo e scienziato napoletano, visse durante la rivoluzione scientifica e durante la riforma protestante.

Scopritore della camera Oscura, è stato il primo a fondare la cosiddetta *"accademia dei segreti"*, prima accademia scientifica d'Europa.

La sua grande sapienza gli permise di dominare la scena italiana del pensiero scientifico e positivista

Nei suoi studi sulla Fisiognomica, anticipò gli studi di Lavater, Gall e Leclercq.

Nel 1586 pubblicò l'opera *"De Humana physiognomonia"* in cui evidenziava che l'animo umano non può essere impassibile rispetto ai moti del corpo e che questo, così come il corpo è corruttibile per le passioni che vive.

Studiò inoltre i segni delle mani dei briganti e criminali, convinto che fossero essenziali indizi per comprendere il carattere di tali uomini.

Stimolato dalla conoscenza, continuò i suoi studi comparando le varie parti del corpo umano a quella dei vegetali, utilizzando l'antica dottrina delle Signature di Paracelso.

In essa, Della Porta vi riconosceva collegamenti occulti tra la morfologia delle piante e quelle dei minerali, degli uomini e perfino degli astri, in una sorta di zoomorfismo.

Illustrazione dal
"De Humana physiognomonia",
1586

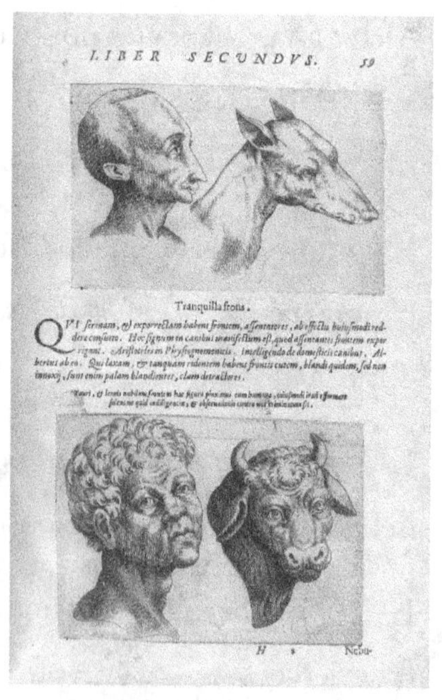

Parte Seconda

LA STRETTA DI MANO

❖ STRETTA MOLTO DEBOLE – FLOSCIA: persona falsa, sfuggente, indecisa.

❖ STRETTA MOLTO FORTE: persona complessata.

❖ STRETTA CON SPINTA VERSO L'ALTO: vigliaccheria, prepotenza e inganno; persona che vuol dominare gli altri.

❖ STRETTA NORMALE: persona equilibrata.

❖ STRETTA DI MANO EVITANDO LO SGUARDO: falsità e vigliaccheria.

❖ STRETTA DI MANO UMIDA: persona instabile e con poca salute.

❖ STRETTA COL PALMO VERSO IL BASSO: è di chi tenta di imporsi sugli altri, che amano comandare e prevaricare.

❖ STRATTA COL PALMO VERSO L'ALTO: persona debole e sottomessa.

❖ STRETTA CON DUE MANI (o con una mano sulla spalla): desiderio di stabilire buoni rapporti.

LA MANO

Anche per la mano esiste una chiave di lettura che permette di risalire all'indole di una persona.

I quattro riferimenti fondamentali che presentiamo sono i "tipi base".

Nella realtà, molte di queste caratteristiche possono presentarsi (in una mano) fuse fra loro; occorre perciò prendere in considerazione quegli elementi più appariscenti che primeggiano sugli altri.

❖ <u>MANO CON PALMO RETTANGOLARE CON DITA CORTE E ROBUSTE:</u>

Appartengono a persone energiche, operose, emotive, estroverse, talvolta irascibili.

❖ <u>MANO CON PALMO RETTANGOLARE (MOLTO STRETTA) CON DITA LUNGHE E AFFUSOLATE:</u>

Appartengono a persone sensibili, meditative, introverse, cortesi.

❖ <u>MANO CON PALMO QUADRATO E DITA CORTE E TOZZE:</u>

Persone dotate di un senso di giustizia, costanti, pratici, equilibrati.

❖ <u>MANO CON PALMO QUADRATO E CON DITA MOLTO LUNGHE:</u>

Appartengono a persone vivaci, intellettuali, erudite, educate, bravi oratori.

IL PALMO

<u>PALMO LARGO</u>: Indica vitalità, forza fisica e longevità.

<u>PALMO STRETTO:</u> Indica una costituzione più debole.

<u>PALMO PIU' LUNGO DELLE DITA:</u> Esprime una buona capacità mentale ma una lieve debolezza fisica.

<u>PALMO SPESSO:</u> Indica una buona forza fisica e una buona longevità.

<u>PALMO SOTTILE:</u> Denota una certa debolezza fisica e una stanchezza costante.

LE DITA

<u>DITA GRANDI E ROBUSTE:</u> Indicano persone forti e determinate.

<u>PUNTA DELLE DITA QUADRATE:</u> Denota forte attività fisica e mentale, talvolta aggressività.

<u>PUNTA DELLE DITA ARROTONDATE:</u> Indica energia, vitalità, allegria, socievolezza.

<u>DITA STRETTE IN PUNTA:</u> Debolezza generale, carattere con tendenza all'arte, all'estetica, alla cultura.

<u>DITA ALLARGATE IN PUNTA:</u> Rivela una certa tendenza all'aggressività, talvolta alla scorrettezza.

GLI OCCHI

Una tradizione millenaria considera gli occhi "Lo specchio dell'anima" poiché essi rappresentano gli organi più preziosi ed attendibili per definire una personalità e lo stato di salute di una persona.

Esaminiamo le loro caratteristiche:

❖ <u>OCCHI LUMINOSI:</u>

Denotano carattere gioioso, aperto, fiducioso e volenteroso di partecipare agli eventi di ogni tipo.
Entusiasta della vita.

❖ <u>OCCHI SPENTI:</u>

Rivelano un carattere chiuso, malinconico e timoroso con poca fiducia in sé stesso.

❖ <u>OCCHI GRANDI:</u>

Esprimono desiderio di amare ed essere amati, di sentirsi protetti. Amano con sincerità ma non desiderano relazioni troppo invadenti.

❖ <u>OCCHI PICCOLI:</u>

Denotano carattere chiuso, razionale, molto pratico. Spirito critico, gelosi, talvolta invidiosi, riservati.

Poco sentimentali e poco propensi a parlare di sé ma tendenzialmente curiosi dei fatti altrui. Precisione. Pusillanimità.

❖ <u>OCCHI RAVVICINATI</u> (alla radice del naso):

Denotano capacità di concentrazione ma ristrettezza di vedute.

Difficoltà ad affrontare nuove situazioni.

Non sopporta né i propri difetti né quelli altrui.

❖ <u>OCCHI DISTANZIATI</u>:

Denotano spontaneità, tendenza ad affermarsi nella società e partecipare agli eventi, nonché una certa ambizione che può spingersi all'egoismo ed alla gelosia.

Ampiezza di vedute e sicurezza di sé.

❖ <u>OCCHI CON ANGOLI VERSO L'ALTO</u>:

Esprimono allegria, vivacità, capacità di superare momenti difficoltosi.

Affabilità, amorevolezza.

Attaccamento ai valori ed alle tradizioni.

❖ <u>OCCHI CON ANGOLI RIVOLTI AL BASSO</u>:

Occhi che denotano poca razionalità.

Tendenza alla critica ed a inseguire dei sogni.

❖ <u>OCCHI NERI o SCURI</u>:

Franchezza, obiettività.

❖   <u>OCCHI AZZURRI:</u>

Tipici di chi persegue grandi progetti e sovente li realizza.

❖   <u>OCCHI GRIGI:</u>

Indicano astuzia ma anche poca sincerità. Doti di osservazione.

❖   <u>OCCHI VERDI:</u>

Persone entusiaste della vita, sempre aperte a nuove esperienze e nuovi progetti.

❖   <u>OCCHI COLORI MISTI:</u>

Hanno nel complesso le caratteristiche degli altri tipi. Occorre individuare il colore predominante.

❖   <u>OCCHIO PROMINENTE SPORGENTE E GROSSO</u> (a lente):

Tipi superficiali, abbracciano campi grandi ma non scendono in profondità.

❖   <u>OCCHIO RIENTRANTE O AFFOSSATO:</u>

Scrutano in profondità ma non hanno una larga visuale.

❖   <u>PALPEBRE SUPERIORI RIALZATE:</u>

Atteggiamento diretto, franco, aperto, comprensivo, tollerante.

❖   <u>PALPEBRE SUPERIORI PENDENTI SULL'OCCHIO:</u>

Poca apertura alle impressioni esterne.

Denotano altresì poca vigoria ed una prostrazione di forze.

Gli occhi che guardano sotto il ciglio sono indizio di menzogna e

falsità.

❖   <u>BORSE SOTTO GLI OCCHI:</u>

Indicano una certa debolezza, scarso vigore psicofisico e

melanconia.

LE GUANCE

❖   <u>GUANCE BEN SVILUPPATE:</u> Sode, senza brufoli e

rughe, indicano un soggetto sano di buona salute, con buon

equilibrio psicofisico e mentale.

❖   <u>GUANCE RIENTRANTI E MAGRE:</u> Indicano debolezza

e cattiva digestione.

❖   <u>ROTONDEGGIANTI:</u> Denota temperamento aperto,

cordiale, allegro, entusiasmo per la vita e amante della compagnia.

❖   <u>PIATTE:</u> Carattere riservato, un po' chiuso e severo.

❖   <u>SCAVATE:</u> Carattere molto serio e razionale, poco

espansivo e poco sentimentale.

❖　CON FOSSETTE: Persone allegre ed estroverse. Buoni sentimenti, generosità.

LE SOPRACCIGLIA

❖　FOLTE:

Denotano una forte vitalità e determinazione. Coraggio e fierezza. Memoria.

❖　AD UCCELLO CON LE ALI SPIEGATE:

(Unite sopra il naso e si alzano verso le tempie)

Segnano inganno e tradimento.

❖　POCO SEGNATE:

Lealtà, equilibrio.

❖　ORIZZONTALI (e poco segnate, con leggera tendenza a curvarsi verso l'alto delle tempie):

Tipiche delle persone equilibrate, sobrie, sincere.

❖　TENDENTI AL BASSO:

Con un'ampia curvatura, tipiche delle persone creative con molta fantasia e immaginazione. Spirito artistico.

❖   <u>FOLTE</u> (che si alzano come le ali di un uccello, ossia spiegate, ossia che quasi si uniscono sopra il naso e si alzano visibilmente ai bordi):
Questo è il segno dell'ipocrisia, dell'inganno, del tradimento.

LA FRONTE

Normalmente si dice che una fronte spaziosa indica riflessione, mentre quella piccola indica emotività ed istintività.

❖   <u>BEN PROPORZIONATA FRA ALTEZZA E LARGHEZZA</u>:
Denota buone capacità generali.

❖   <u>LARGA o LUNGA</u>:
Capacità di apprendere senza sforzo e di memorizzare.
Molti obiettivi ma poca energia. Facilmente collerico.

❖   <u>STRETTA</u>:
Carattere fermo, portato all'analisi, alla concentrazione ed ai lavori specializzati.

❖   <u>BASSA</u>:
Senso pratico, tenace nel lavoro e nel sostenere le proprie idee.

Poca ampiezza di vedute. Un po' egoisti e poco sentimentali. Controllo dei propri sentimenti.

❖   <u>ALTA:</u>

Intuito e intelligenza viva. Ambiziosi ed interessati ad ogni cosa. Sensibili e realisti ma incapaci ad esprimere i propri sentimenti.

❖   <u>DIRITTA</u> (o verticale):

Persone che ragionano in modo logico. Tengono conto di ogni elemento per evitare sbagli. Carattere riflessivo e prudente. Capaci di affrontare ogni difficoltà con determinazione.

❖   <u>CURVATA IN AVANTI:</u>

Intelligenti ma suscettibili.

❖   <u>FRONTE RIENTRANTE</u> (verso gli occhi):

Persone con tendenze primitive. Intolleranti e portate al dispotismo. Pratici.

❖   <u>RUGHE DELLA FRONTE:</u>

Le rughe della fronte e del viso sono causate dal rilassamento del tessuto muscolare e sono più marcate in quelle zone soggette ad un movimento ripetuto.

❖   <u>RUGHE ORIZZONTALI:</u>

Appartengono in genere ai pensatori.

❖ <u>RUGHE VERTICALI</u> (e piccole fra le sopracciglia):
Svelano una tendenza al nervosismo ed alla collera, nonché una rigidità sulle proprie opinioni.

❖ RUGHE (sulla fronte: due o tre disposte ad X):
Denotano tendenza a costumi libertini.

❖ <u>DUE SPORGENZE</u> (sulla fronte, sopra gli occhi):
Denotano fantasia, creatività e talvolta anche trasgressione. Debolezza. Problemi circolatori.

❖ <u>INCISIONE TRASVERSALE SUL LOBO</u>:
Denota una predisposizione al diabete.

Quando sulla fronte vi sono molte rughe irregolari o spezzettate, ciò denota poca concentrazione, una certa instabilità mentale e rapidi cambiamenti comportamentali.

Due rughe verticali e parallele fra le due sopracciglia che scendono verso la radice del naso, indicano carattere bilioso, irritabile. Sovente con sofferenza al fegato.

Mentre una sola ruga verticale sulla fronte fra le due sopracciglia, profonda, simile ad un solco, indica un passato tortuoso di una persona triste, cupa, caparbia, ma dotata di forte volontà con desiderio di imporsi nella società.

PRINCIPALI TIPOLOGIE CRANICHE

- <u>Tipo ECTOMORFO</u>: Con cranio ossuto e spigoloso. Se la persona è longilinea trattasi di un idealista. E viceversa.

- <u>Tipo MESOMORFO</u>: Con cranio voluminoso. Indica forza fisica, energia, azione.

- <u>Tipo ENDOMORFO:</u> Con cranio arrotondato. Indica sensibilità, dolcezza.

IL NASO

Quasi tutti i bambini appena nati presentano la stessa conformazione nasale che lentamente poi si modifica in forma definitiva dopo la pubertà, mentre nel corso degli anni il naso tende ad allungarsi e ad abbassarsi progressivamente verso il basso.

Lo studio del naso è particolarmente indicato a valutare il grado di volontà e perseveranza o meno di una certa persona, nonché l'energia fisica.

❖ <u>CORTO:</u>

Persona simpatica ed estroversa. Immediata dell'agire. Un po' influenzabile. Non ama rapporti troppo assidui o pressanti. Una leggera debolezza fisica.

❖ <u>CORTO A PATATA:</u>

Passionalità, immediatezza, grande impulsività, un po' d'egoismo.

❖ <u>PICCOLO e A PUNTA:</u>

Forte curiosità, diffidenza.

❖ <u>LUNGO:</u>

Persona ambiziosa, orgogliosa, impulsiva, con tendenza a collocarsi autorevolmente nella società.

Buon osservatore, rigido mentalmente.

❖ <u>STRETTO:</u>

Sensibilità, delicatezza d'animo, buona resistenza psichica.

❖ <u>LARGO:</u>

Immediatezza, riservatezza, efficienza, volontà e grande capacità di affermarsi. Energia fisica.

❖ <u>RIVOLTO IN ALTO:</u> (Alla Francese)

Intuizione ed emotività. Facilmente influenzabile. Apertura a collaborare con altri. Disponibilità ad aiutare il prossimo.

❖ <u>RIVOLTO IN BASSO:</u>

Desiderio di essere apprezzato dagli altri. Ricerca il proprio vantaggio. Difficilmente influenzabile. Desiderio di libertà.

❖ <u>AQUILINO:</u>

Intransigenza e ambizione. Lottatore fieri e coraggioso. Molto pratico, cauto e costante al fine di ottenere i risultati prefissi.

Talvolta nervoso o bilioso.

LA BOCCA

❖ <u>GRANDE:</u>

Carattere estroverso, energia e apertura all'amore. Amanti della libertà in senso lato. Volontà. Talvolta un po' possessivi.

❖ <u>PICCOLA:</u>

Chiusura, timidezza, poca espansività anche affettiva. Autocontrollo. Timoroso di ogni novità. Osservatore. Egoismo e immaturità.

❖ <u>CON ANGOLI IN SU:</u>

Allegria, spontaneità, poca prudenza nell'affrontare i problemi della vita e le difficoltà. Ottimismo e sincerità.

❖ <u>CON ANGOLI IN GIU':</u>

Sincerità ma velato pessimismo, spirito critico ed osservatore. Preciso ed esigente con sé e con altri.

LE LABBRA

❖   <u>SPESSE, CARNOSE e SPORGENTI</u>: Indicano sensualità, allegria, voglia di vivere.

Propensi a manifestare i propri sentimenti.

Affrontano ogni impresa con slancio e passione.

❖   <u>SOTTILI o RIENTRANTI</u>: Molta riservatezza e autocontrollo, talvolta eccessivo da perdere la spontaneità.

Portati alla solitudine ed alla osservazione.

Poco desiderosi della compagnia.

Timorosi del giudizio altrui. Lavoratori.

❖   <u>LABBRO INFERIORE PIU' AVANZATO E SPORGENTE DI QUELLO SUPERIORE</u>: Indica una certa durezza di carattere.

Parsimonioso, anche avaro.

Crudeltà, perfidia.

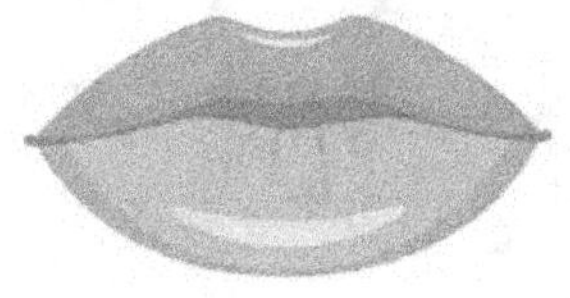

<u>Labbra inferiori più grandi e sporgenti</u>: denotano sobrietà ma celato desiderio di grandezza, freddezza, egoismo.

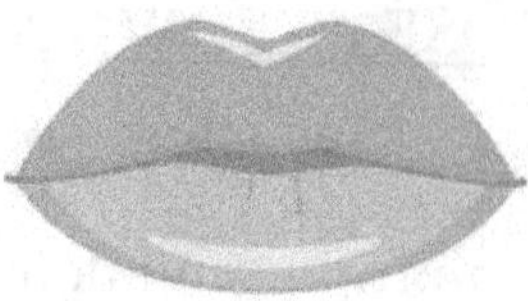

<u>Labbra superiori più grandi</u>: Denotano bontà d'animo, altruismo, affabilità e passione.

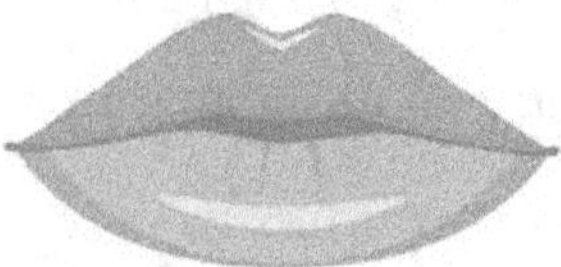

<u>Labbra con gli angoli rivolti verso l'alto</u>: Denotano ottimismo, cautela ed esternazione.

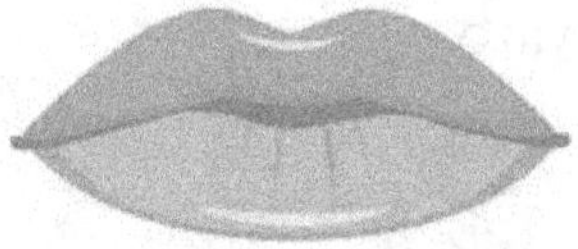

<u>Labbra con gli angoli rivolti verso il basso</u>: Rivelano un carattere un po' cupo, pessimista, critico e talvolta meschino.

IL MENTO

(e mandibola)

Il mento offre indicazioni sulla capacità di imporsi.

* **<u>PRONUNCIATO</u>**: Indica forte volontà e capacità di imporsi. Intraprendente.

* **<u>ARRETRATO E SFUGGENTE</u>:** (Poco pronunciato) Scarsa volontà e capacità di imporsi. Pigro.

* **<u>MENTO QUARDATO</u>**: Forte volontà e sicurezza nelle proprie capacità. Determinazione al raggiungimento dei propri obiettivi. Poca disponibilità a confrontarsi e tener conto delle opinioni altrui.

* **<u>MENTO A PUNTA</u>**: Denota vivacità e sbalzi di umore. Ponderatezza ma se contrastati reagiscono con rabbia. Si offendono facilmente.

* **<u>MENTO E MANDIBOLA LARGA</u>**: Grande capacità pratica. Forza fisica. Teso al raggiungimento della propria meta. La mascella larga e ampia denota materialità, desiderio di potenza, persone concrete e autoritarie.

* **<u>MASCELLA STRETTA</u>**: indica insicurezza, grande sensibilità, somatizza molto. Ama l'arte.

Mento normale:

Persona affidabile, equilibrata.

Senso del dovere.

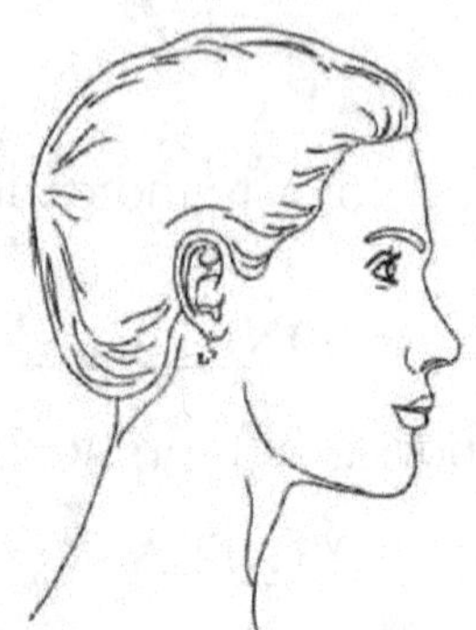

Mento pronunciato:

Persona suscettibile, ma

pronto all'azione. Veloci nel

prendere decisioni.

Talvolta prevaricatori. Tenaci.

Mento sfuggente:

Persona nervosa, poco portata

All'azione. Può divenire irritabile

Se contraddetta. Un po' sfuggente.

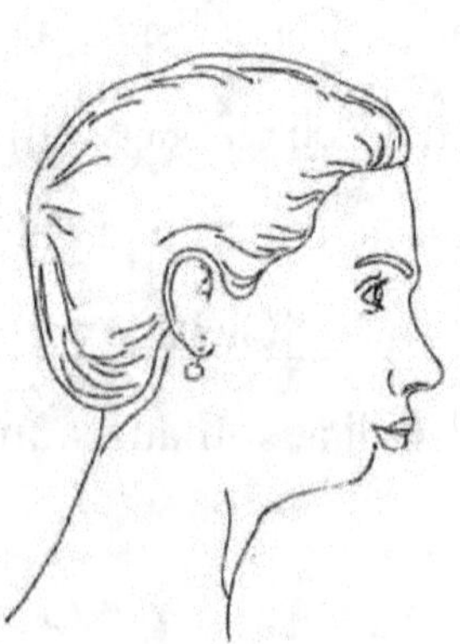

LE ORECCHIE

Le orecchie indicano la capacità di rapportarsi con la realtà e con gli altri.

❖ <u>PICCOLE:</u> Carattere selettivo, un po' pretenzioso. Circospezione. Difficoltà a stabilire rapporti con terzi. Salute precaria. Orgoglio.

❖ <u>GRANDI</u>: Carattere forte ed energico, molta vitalità e buona salute.

Autostima. Facilità nei rapporti con le persone ma prudenti nell'affrontare i problemi. Longevi.

❖ <u>ADERENTI AL CAPO</u>: Persone che controllano in modo eccessivo la propria emotività anche nei momenti di debolezza. Autodisciplina e suscettibilità.

❖ <u>SPORGENTI</u> (a sventola): Tendenza a non far trasparire le proprie idee e sentimenti. Imperscrutabili. Amanti dell'autonomia. Lottano sovente contro le loro condizioni fisiche.

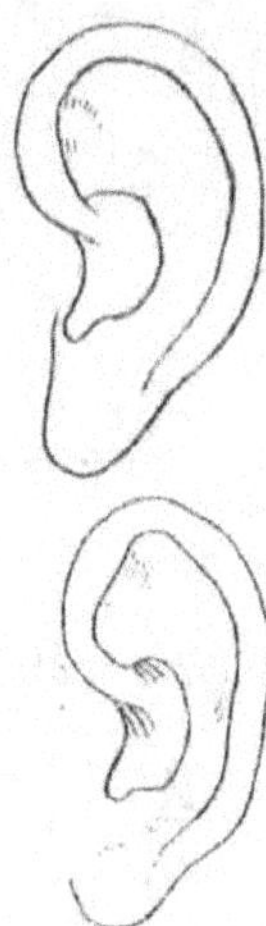

<u>Orecchie normali:</u>

Salute e resistenza fisica, equilibrio.

<u>Orecchio grande:</u>

Buona costituzione fisica, energia, apertura

mentale. Persone poliedriche e determinate

Orecchio con parte centrale grande:

Spiccata attività mentale e longevità.

Ampiezza di vedute.

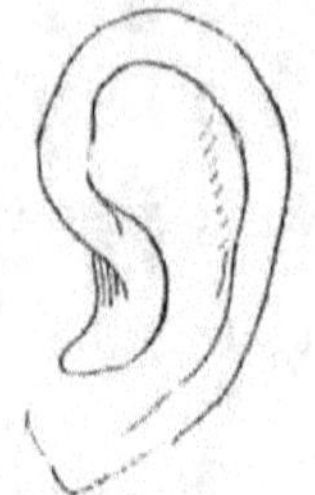

Orecchio piccolo:

Minor energia fisica e mentale.

Egocentrismo, circospezione, introversione,

poco inclini ai cambiamenti.

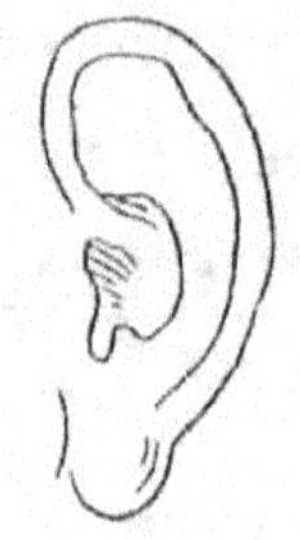

Orecchio senza lobo:

Le funzioni cerebrali e nervose sono

Poco armoniose. Debolezza, egoismo.

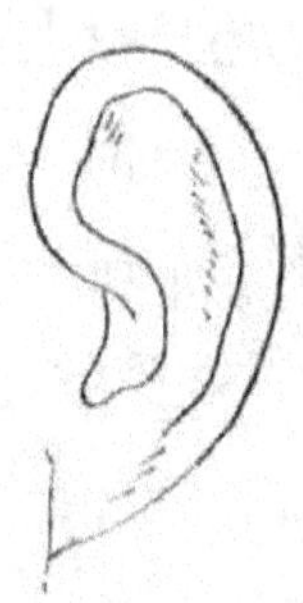

I LOBI

❖ <u>TONDEGGIANTE e CARNOSO:</u> Ottima salute e resistenza alle fatiche. Coltiva grandi passioni. Carattere pratico e riflessivo, equilibrato.

❖ <u>STRETTO:</u> Delicatezza e raffinatezza.

❖ <u>LOBO ATROFIZZATO o ASSENTE</u>: Indica persona poco resistente alle fatiche per scarse energie fisiche, debolezza.

❖ <u>INCISIONE TRASVERSALE SUL LOBO</u>: Denota una predisposizione al diabete.

IL COLLO

Il collo indica la forza di un individuo in quanto è l'organo che congiunge la parte psicologica da quella fisica, ossia la mente dal corpo.

❖ <u>COLLO LUNGO</u> (a cigno): Esprime riservatezza, garbatezza ma alterigia, talvolta superbia.
Difficoltà a prendere decisioni.

❖ <u>CORTO</u>: Indica forza, coraggio, perseveranza. Acutezza e immediatezza mentale.

❖ <u>TAURINO</u>: Durezza di carattere. Collerico, sensuale.
Poco incline alla comprensione altrui. Risoluto e con una visione delle cose molto personale.

❖ <u>CON POMO D'ADAMO PRONUNCIATO</u>: Persona nervosa, talvolta aggressiva e poco tollerante. Dinamico.

❖ <u>CURVATO IN AVANTI</u>: animo docile, rassegnato, lento nel prendere decisioni.

❖ <u>COLLO NORMALE</u>: Indica equilibrio e serietà.

❖ <u>RUGHE SUL COLLO</u>: Indicano una fase di invecchiamento oppure qualche malessere anche solo passeggero.

❖ <u>COLLO A CIGNO</u>: Porre particolare attenzione agli uomini con questa caratteristica.

❖

Una maggiore completezza dell'individuazione caratteriale la si ottiene anche osservando i vari movimenti del corpo, la modulazione della voce e, laddove possibile, l'analisi grafologica.

LO SGUARDO

❖ <u>PERSONA CHE GUARDA IN VISO IL SUO INTERLOCUTORE</u>:

Denota spontaneità, desiderio di simpatizzare e di fare amicizia; specie se dilata le pupille.

❖ <u>PERSONA CHE NON GUARDA IN VISO IL SUO INTERLOCUTORE</u>:

Poca spontaneità e desiderio di non manifestarsi oppure antipatia verso l'interlocutore. Falsità.

❖ <u>MOVIMENTI DELLE MANI E DELLE BRACCIA</u>:
Indica persona espansiva, esuberante, generosa e comunicativa.

❖ <u>ASSENZA DI MOVIMENTI</u> (mani e braccia):

Denota insensibilità, impressionabilità, apatia, poca espansività. Desiderio di celare le proprie idee ed i loro affari e progetti.

❖ <u>APERTURA DELLE MANI</u> (durante il gesto):

Sincerità.

❖ <u>BRACCIA E MANI CONSERTE:</u>

Chiusura di sé stesso verso gli interlocutori.

LA VOCE

La voce umana essendo un suono, si colloca ad un certo livello nella scala della sonorità e pertanto la voce può diventare gradevole o sgradevole secondo il timbro vocale che manifesta all'esterno, il nostro essere interiore (ovvero i moti del nostro animo).

I suoni o cinguettii di un usignolo sono deliziosi all'udito, mentre il gracchiare della cornacchia, molto meno.

Un'onda placida del mare è piacevole all'ascolto, ma il gesso che stride sulla lavagna fa accapponare la pelle.

Anche la voce umana soggiace a questa realtà; una voce calda e suadente ingentilisce la parola, mentre una voce fredda, metallica o gutturale la peggiora.

TIPI DI VOCE:

ALTA: denota esaltazione

CAVERNOSA: denota gelosia e rancore

GRAVE e BASSA: denota desiderio di supremazia

TREMOLANTE: denota timidezza e paura

LAMENTOSA: denota depressione, malinconia

GUTTURALE: denota violenza, aggressività

NASALE: denota ambizione, vanità e inconsistenza

PIENA e SONORA: denota ottimismo e onestà

VELOCE: denota vivacità

ESPLOSIVA: denota impulsività

LENTA: denota riflessione, pacatezza, intelligenza

EFFEMINATA (per uomo): denota poca energia, ambiguità

RAUCA, BURBERA, VELOCE: denota aggressività, prepotenza, desiderio di imporre le proprie volontà

GELIDA: denota egoismo, razionalità, calcolo

IN FALSETTO (...): denota ipocrisia.

SIBILANTE: denota invidia.

LA PROSSEMICA: DISTANZA FRA LE PERSONE

L'eccessiva vicinanza o distanza che intercorre fra due persone permette di stabilire alcuni aspetti caratteriali che di seguito sintetizziamo:

❖ **VICINANZA ECCESSIVA:** Le persone che si avvicinano troppo al suo interlocutore vanno esaminate sotto due aspetti:

1) potrebbe trattarsi di un desiderio di stringere amicizia, di esprimere simpatia o affettività o stabilire una intesa reciproca. Questo tipo di vicinanza può essere gradita solo nel caso in cui sussistono queste motivazioni.

2) Viceversa potrebbero anche esprimere una volontà di invadere il campo altrui, di imporre la propria volontà. Denota intromissione, mancanza di rispetto e talvolta di insicurezza.

❖ **DISTANZA ECCESSIVA:** Coloro che si pongono ad eccessiva distanza dal proprio interlocutore possono esprimere verso quest'avversità, a antipatia o timore.

Non ultimo un desiderio di distacco o di alterigia.

❖ **DISTANZA NORMALE:** È per conseguenza sinonimo di equilibrio e di correttezza, anche se durante il colloquio possono crearsi brevi momenti di vicinanza o meno.

LEGGE DEL BINARIO

Persona alta e sottile:

Coloro che hanno una linea alta e

Sottile.

Sono idealisti, ragionatori, amano l'arte,

lo Stile, la storia, mirano al futuro.

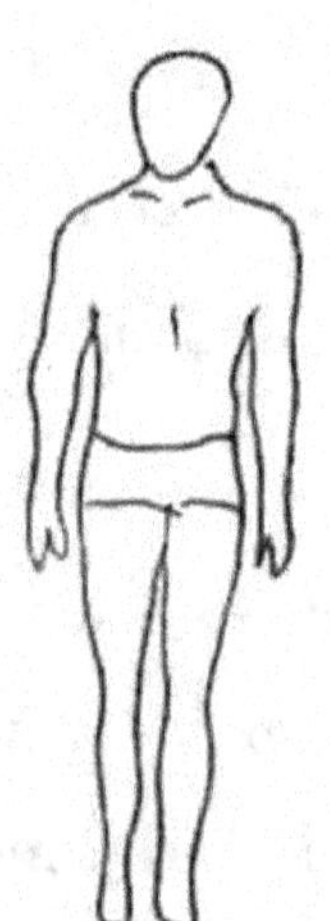

Persona dalla linea pesante:

Nelle persone dalle linee pesanti

prevale il materialismo, dinamismo,

l'azione, il cuore e l'impulso.

Guardano la praticità,

la semplicità, la comodità, il presso.

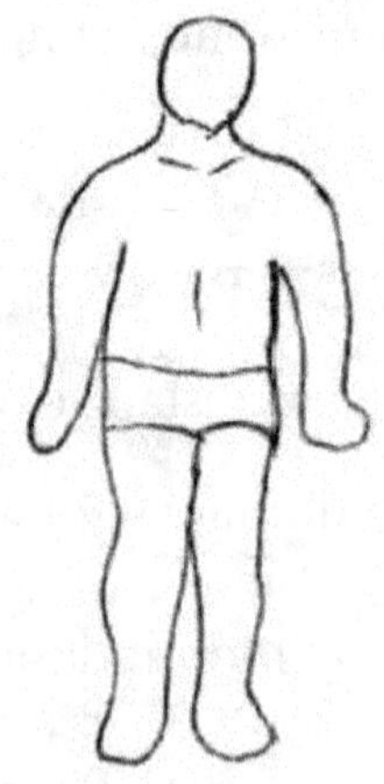

La natura fa del nostro corpo il ritratto della nostra anima e delle nostre tendenze:

- Ingrandisce le mascelle al ghiotto ed all'ingordo,

- stringe le labbra all'avaro,

- rende velenosi gli occhi del malevolo e dell'invidioso,

- raggela lo sguardo del traditore,

- denuncia l'inganno di chi guarda con le palpebre abbassate.

Parte Terza

ARTE DEL CONVINCIMENTO

Tecniche di Vendita

Pensiamo di fare cosa gradita e utile a tutti quei lettori che di professione si occupano di vendite, promozioni aziendali o di servizi.

Coloro che dai processi di vendita traggono vantaggi per la propria attività lavorativa e mezzi di sussistenza, saranno certamente interessati a questi nostri suggerimenti pratici e operativi, poiché VENDERE è una delle arti più antiche, ma tutt'ora fra le più importanti nelle nuove fasi produttive.

Il venditore deve saper trasmettere attraverso i sensi il maggior numero di idee e convinzioni al compratore; adattarsi al suo temperamento, al suo modo di essere e di pensare.

Chi non conosce la natura umana non potrà mai essere un buon venditore.

Occorre perciò:

- osservare attentamente il nostro compratore,

- classificarlo nelle tipologie geometriche,

- intuirne le sue caratteristiche e punti deboli,

- far leva su questi elementi adattandosi a queste sue inclinazioni.

I SENSI E LA LORO IMPORTANZA

Nessuna impressione può entrare nella mente di un interlocutore se non per mezzo di uno e più sensi; perciò tenere ben presente che:

- LA VISTA   ha una valenza del   40%

- L'UDITO   ha una valenza del   20%

- IL TATTO   ha una valenza del   20%

- L'OLFATTO   ha una valenza del   10%

- IL GUSTO   ha una valenza del   10%

Nella vendita vi sono due elementi che contano: quello EMOTIVO e quello del RAGIONAMENTO.

L'80% delle vendite si fanno per fattori emotivi.

L'eterno dualismo fra Emozioni o Sentimenti e   l'Intelligenza, vede vittoriose le EMOZIONI.

Le persone con le quali si ha più successo sono quelle che assomigliano al nostro tipo.

Non si compra quasi mai esclusivamente per necessità ma il più delle volte per appagare un proprio desiderio immediato o recondito o per un proprio convincimento.

Perciò non focalizzare solo le caratteristiche tecniche di un prodotto ma intuire e appagare il desiderio intimo del compratore, poiché sono le sue idee che regolano e comandano la sua mente.

PROFILI

Una facile e immediata osservazione può fornire utili informazioni caratteriali di una persona esaminando la forma del cranio e del viso (visto di profilo) facendo riferimento   a tre tipi fondamentali:

- Profilo Sporgente o Convesso

- Profilo Rientrante o Concavo

- Profilo Regolare o Verticale.

❖ PROFILO SPORGENTE O CONVESSO

Persona dotata di rapidissima capacità percettiva. Prontezza di mente, ama risultati veloci, impaziente, pratico, analitico, si concentra ed esamina una cosa per volta.

Ama essere informato su tutto. Buona eloquenza. Talvolta severo ma sincero.

❖ **PROFILO RIENTRANTE O CONCAVO**

Persona molto prudente nei modi e nel parlare. Lenta nelle decisioni. Esprime le sue idee con riserva. Non sopporta le frivolezze. Persona seria e fedele.

❖ **PROFILO REGOLARE E VERTICALE**

Persona calma ma risoluta. Cauta nel prendere decisioni. Sostiene con forza le sue idee.

Raramente ammettono i loro errori. Possono anche essere polemici.

Quando si prefiggono uno scopo lo assolvono con perizia.

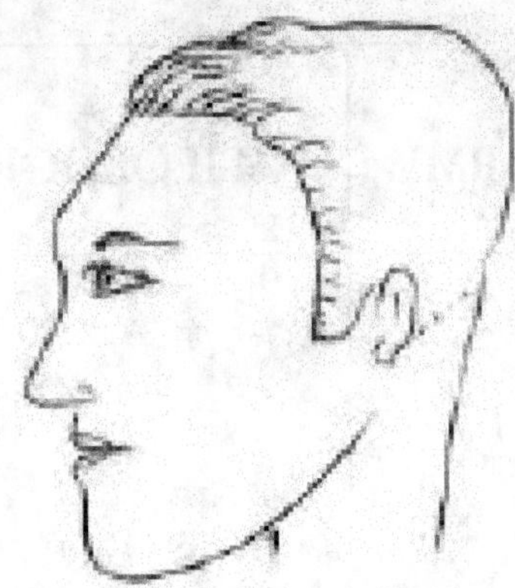

Profilo sporgente

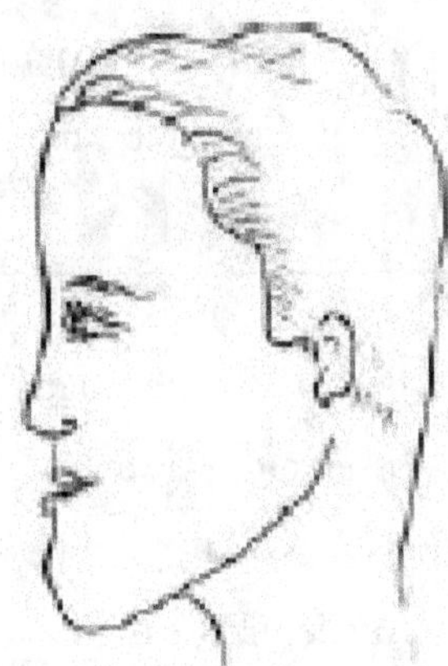

Profilo rientrante

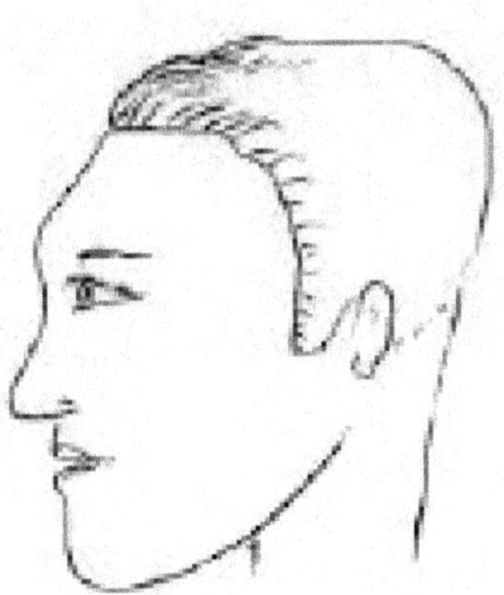

Profilo verticale

ESAME DELLE TIPOLOGIE (Primarie)

FORME	TIPOLOGIA	CARATTERISTICHE INCLINAZIONI, DISPOSIZIONI D'ANIMO
	ROTONDA	Persona dotata di realismo che può arrivare ad eccessi. Essendo rotonda si colloca in ogni luogo e trova facili accordi con tutti. Iniziativa, forza, coraggio, passione e vanità. Ama la vita comoda e la compagnia. Tipo intuitivo.
	TRIANGOLARE	Persona che ama ragionare, osservatore acuto e analitico. Astuto ma volubile e irritabile. Intellettuale, ama la storia, l'arte, la bellezza in genere. Simile alla punta di un triangolo, affonda le sue ricerche con pignoleria.
	QUADRATA	Trattasi di persona "stabile", come un quadrato. Pratico, ragionatore, osservatore. Fermo sulle sue posizioni. Forte volontà; anche temerario e testardo. Coraggioso. Ama l'indipendenza. Desidera i fatti alle parole.

	OVALE	Sensibile, talvolta impressionabile; molto versatile ma anche riservata. Ispirata, affettuosa, simpatica. Un po' lenta. Non invidiosa, molto intelligente e comprensiva. Tipo conservatore, indipendente.
	A TRAPEZIO	Tipo moralista, conservatore, ottimista, sincero, non disdegna gli onori, le cariche pubbliche ed il successo sociale. Tende alla calvizie. Ama la bellezza e la scienza.
	RETTANGOLO	Persona riflessiva e volenterosa. Un po' introversa ma leale, desiderosa di sapere, senso critico, temperamento passionale.
	CONOIDE	Persona severa, portata al calcolo, tenace, perseverante, mente forte ma lenta. Portato al pessimismo. Parsimonioso. Talvolta ha la schiena curva; tenace nel lavoro. Un po' diffidente.

CORRISPONDENZE ANIMALI

In appendice ed a completamento del metodo fisiognomico, presentiamo al lettore la sintesi di una ricerca condotta da vari autori del passato: Aristotele, Gian Battista della Porta, D'Eugene Ledos, Julien Leclercq, i quali giunsero ad individuare alcune similitudini tra le sembianze umane e quelle di taluni animali.

La correlazione risulterebbe costante anche nelle tendenze caratteriali.

Vediamo alcuni esempi:

L'ASINO

Aristotele scrisse Ad Alessandro:

"Colui il quale ha l'occhio dell'asino, ossia prominente, è scarso di saggezza".

L'ACQUILA

L'italiano Gian Battista della Porta afferma che l'uomo col naso aquilino (simile all'aquila), denota grande coraggio, arguzia, con virtù guerriere, paladini e manti della libertà, lungimiranti e con movenze maestose.

IL BUE

Della Porta, Polemon e Ademantius, sono concordi sul fatto che le sembianze del bue, ossia testa grande, collo robusto e corto e occhi grandi, abbiano una correlazione con la persona negligente, apatica, lenta e perseverante.

IL GALLO

Della Porta si esprime in merito: naso concavo, andatura altezzosa, fare guardingo, desiderio di sopraffazione, avidità anche nei piaceri dell'amore. Inclinazioni brutali.

IL LEONE

Suardo fiero, andatura sicura. La testa un po' grande, la fronte e la faccia un po' quadrate. Le sopracciglia sono innalzate e le labbra pronunciate; corpo nervoso e articolato.

Aristotele vedeva in queste persone una grandezza d'animo, una generosità e amanti della grandiosità.

IL MAIALE

Fronte stretta, occhi piccoli e rotondi, sopracciglia rivolte all'insù, partendo dalla radice del naso. Naso grosso in punta, bocca grande.

Ciò denota nell'uomo un'inclinazione grossolana e abietta.

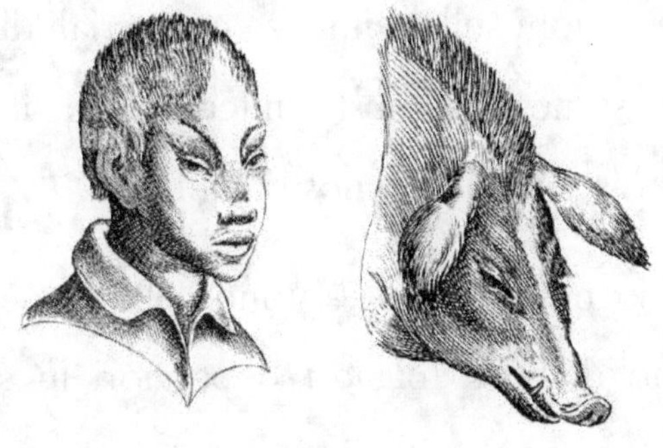

LA SCIMMIA

Viso piccolo e ossuto, zigomi pronunciati, occhi piccoli e mobili.

Labbro superiore più lungo e grosso rispetto a quello inferiore.

Ciò denota pusillanimità, tendenza al sesso, furbizia e curiosità.

Conclusione

Saper leggere e interpretare le sembianze di un volto, osservare e decifrare le gestualità spontanee del corpo, permette di acquisire maggiori informazioni sulle tendenze caratteriali di una persona e altresì di adattarsi meglio al nostro interlocutore, il quale, risulterà maggiormente disponibile nei nostri confronti.

Nella realtà fisiognomica non esistono delle tendenze caratteriali che si possono definire migliori o peggiori in senso assoluto. Tutt'al più, esistono percentuali diverse di inclinazioni.

Esaminando le nostre caratteristiche somatiche, occorre individuare i nostri punti di forze e usarli con determinazione; allo stesso modo dobbiamo tener conto dei nostri punti di debolezza cercando di migliorarli.

Parte Quarta

IL CARATTERE DELLE PERSONE ATTRAVERSO LA GRAFOLOGIA

La finalità di questo libro è quella di offrire al lettore una serie di argomentazioni, conoscenze e metodi atti a percepire e comprendere il più possibile le tendenze caratteriali di altre persone.

Intento questo piuttosto arduo, poiché la psiche umana, composta da tante sfaccettature, si presenta ora in un modo, ora in un altro, ma sempre con l'intento di esternare la parte migliore di noi stessi.

Poniamo attenzione alle sembianze del nostro interlocutore; osserviamo i suoi occhi, le orecchie, il naso, la bocca, le labbra, il mento, (ora sappiamo come fare); ascoltiamo la sua voce, i suoi silenzi prolungati, la sua stretta di mano; tutto va esaminato attentamente, tutto va soppesato.

Ora passiamo alla seconda parte del libro, dove svilupperemo il metodo grafologico, altrettanto interessante ed efficace per identificare l'intimo delle persone.

Trattasi di due metodologie diverse; due percorsi dissimili l'uno dall'altro ma aventi entrambi una medesima finalità, quella di comprendere le tendenze caratteriali delle persone.

GRAFOLOGIA

La Grafologia può essere considerata una vera e propria disciplina, che partendo dalla scrittura o calligrafia di una persona può individuare aspetti, temperamenti o tendenze caratteriali; poiché nell'espressività grafica sono presenti dei comportamenti spontanei che denotano varie correlazioni (tra mente e corpo).

Il segno grafico ha una sua chiave di lettura che svela e chiarisce la personalità del soggetto.

Chi scrive libera inconsciamente gli stimoli profondi del proprio essere. Un segno eccessivamente marcato ed un altro estremamente leggero; dicono molto a quanti conoscono questa materia.

Un foglio scritto, non esprime solamente i contenuti trattati, ma nel segno grafico si annidano le pulsioni, i moti dell'animo, gli aspetti psicologici, i caratteri tendenziali dello scrivente. Così pure la distanza o meno dai margini; o l'inclinazione delle lettere (a destra o a sinistra) hanno veri e propri significati psicologici.

Il metodo grafologico permette l'individuazione degli aspetti caratteriali, affettivi, relazionali; nonché lo stato di salute.

La calligrafia è una delle tante espressività dell'individuo, il quale nel suo percorso esistenziale può passare attraverso a delle fasi evolutive differenziate; quindi è molto importante stabilire i tempi nei quali avviene la lettura della grafia, che viene anch'essa modificata - in parte - dall'evoluzione del soggetto.

Abbiamo detto che la scrittura fa emergere le componenti dell'inconscio in quanto gli stimoli del cervello consentono alla mano dell'uomo di esprimersi con un linguaggio grafico, con caratteristiche diverse che mettono in luce velocità o calma; forme armoniche (rotondeggianti), o disarmoniche (spigolose) ecc.

L'esperto trae da approfondite analisi una specie di diagnostica psicologica ed emotiva, che permette di compenetrare e individuare gli aspetti conoscitivi di una determinata persona.

Il termine grafologia deriva da:

GRAFO = incisione e

LOGOS = la mia scrittura

Il foglio di carta rappresenta il nostro ambiente, dove noi ci espandiamo e inconsciamente lasciamo tracce del nostro temperamento, che è il modo con il quale rispondiamo agli stimoli dell'ambiente stesso.

La grafia proietta (o riflette) la parte intima e psicologica dell'individuo.

Il modo di scrivere "*calligrafico*" che abbiamo appreso a scuola è pressoché uguale per tutti; ma lungo il corso degli anni ognuno di noi, personalizza la scrittura in base ai propri stimoli interiori; ed è su questa realtà personale che opera (o indaga) il grafologo.

La personalizzazione della scrittura inizia verso i 12 anni.

La grafologia permette quindi di entrare nella sfera dell'animo umano.

Alla mano arrivano gli impulsi del nostro corpo: cuore, muscoli, nervi ecc.

IL TRATTO GRAFICO
È UN PRODOTTO DEL CERVELLO
E IL SIMBOLO
È L'ESPRESSIONE DELL'INCONSCIO

PRIMO APPROCCIO

(per rapide valutazioni e principali punti di osservazione)

-    Inizialmente osservare se sul foglio appare di più la parte "scritta" (ossia il nero) o la parte bianca del foglio.

-    Poi controllare il bilanciamento o collocazione dei margini (destro, sinistro, alto, basso).

-       Osservare se il rigo scritto è orizzontale oppure se va verso l'alto o pende verso il basso.

-       Osservare se la scrittura si sviluppa nella fascia superiore, mediana, o sottostante.

-       Osservare le distanze, ossia:

il largo o stretto fra le lettere e tra le parole

-       Calibro di scrittura: rotondeggiante o spigolosa.

-       L'inclinazione della scrittura può essere sintetizzata in tre parti:

Parte Dritta o Verticale equilibrio

Inclinazione verso destra

+ sentimento

Rovesciata a sinistra+ razionalità

Questi punti più avanti saranno sviluppati singolarmente e dettagliatamente.

-       Osservare se il testo è leggibile, ovvero se le parole sono comprensibili, oppure illeggibili, poiché in quel caso ci troviamo di fronte ad una persona che ha alcuni problemi: o tende a nascondere sé stesso oppure è un introverso

L'approccio grafico su di un foglio di carta bianco, indica il punto di posizionamento che noi scegliamo per dare inizio ad uno scritto.

Pertanto lo stesso punto di collocazione, sia esso posizionato al centro del foglio o verso il margine assume un significato che l'occhio esperto del grafologo è in grado di analizzare.

L'indagine grafica parte da una visione complessiva di uno scritto, ovvero da un insieme, per poi focalizzarsi con sequenze sempre più specifiche e dettagliate su elementi circostanziati.

Il **MARGINE** che usa lo scrivente è fra i primi elementi che balzano ai nostri occhi e che riportiamo qui di seguito nei disegni:

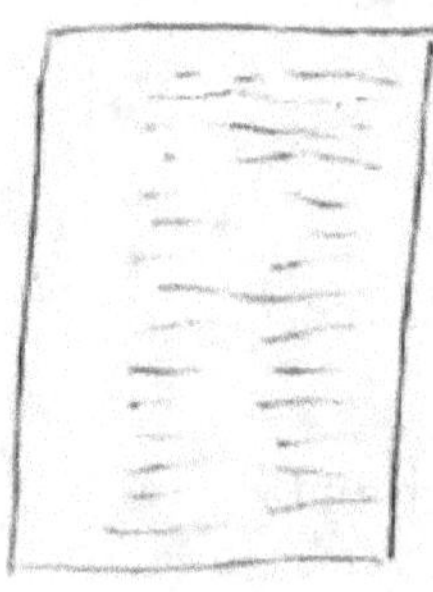

1)   <u>MARGINE SINISTRO</u> AMPIO e scrittura verso la parte destra del foglio; è classica di una persona che ama la storia, le tradizioni, l'amore per la famiglia, rispettoso delle regole e dell'autorità, devozione, pronto al sacrificio, attaccamento ai valori ma con mentalità un po' all'antica.

2) <u>MARGINE A DESTRA</u> (del foglio) - Partenza senza margine a sinistra del foglio. Persona che trattiene i suoi sentimenti, un po' sulle sue posizioni, non ama la lotta. Rinunciatario, timoroso.

Può essere timido o immaturo o eccessivamente prudente. Mancanza di senso estetico.

3) MANCANZA DI MARGINE DESTRO. Persona un po' arrogante, sfrontato, anche temerario. Avido e avaro

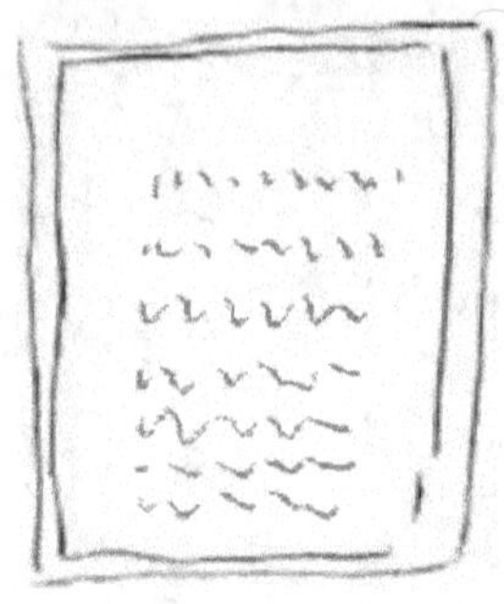

4) MARGINE SUPERIORE ALTO. Persona precisa, rispettosa, buon comportamento con le persone.

5) MARGINE SUPERIORE STRETTO quasi vicino al foglio. Indica persona istintiva a volte irrispettosa

Quando i margini sono ben rispettati si ha armonia ed equilibrio caratteriale.

Ognuno di noi possiede una propria carica energetica o energia vitale; alla quale corrispondono caratteristiche e comportamenti diversi.

Analizziamo ora le tendenze principali.

TENDENZE IN BASE ALL'INCLINAZIONE DELLA SCRITTURA

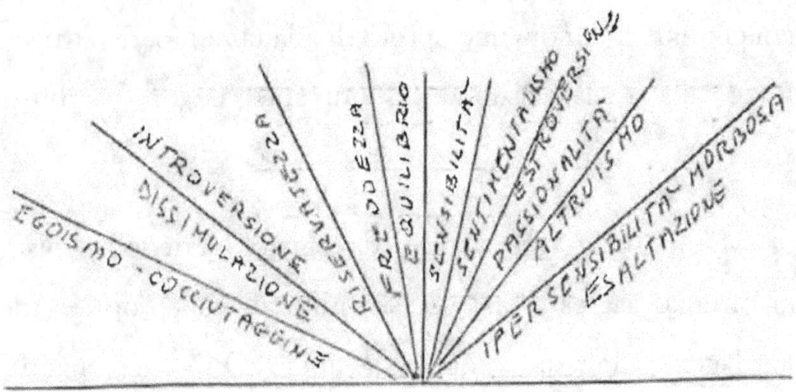

-   SCRITTURA VERTICALE:

Ragione, riserbo, energia, un po' di egoismo, poco sentimentalismo.

-   SCRITTURA INCLINATA A DESTRA: Sensibilità, altruismo, tenerezza sentimentalismo. Se molto inclinata = esaltazione

-   SCRITTURA ROVESCIATA

(ossia rivolta a sinistra): Indifferenza, dissimulazione, diffidenza, sorveglianza di sé stesso, nasconde il sentimento, egoismo, narcisismo.

CARATTERISTICHE GENERALI

- Una scrittura con risvolti curvi, con arrotondamenti o altri segni curvilinei, denota uno spirito di adattamento, di altruismo, portato alla socializzazione. E qui intervengono i muscoli "flessori".

- Mentre una scrittura spigolosa o angolosa denota egoismo, schizofrenia, aggressività, eccessiva difesa delle proprie _idee, testardaggine. Persona poco adattabile. Qui intervengono i muscoli "tensori".

- Il gesto fuggitivo: è quel segno personale in più che viene posto all'inizio o alla fine di una parola.

Se questo segno particolare viene posto all'inizio della parola ciò fa intravedere una tendenza di affettività, di vivacità, di apertura verso gli altri.

Un segno particolare posto in finale di parola denota reticenza, spavalderia, volontà di imporsi sugli altri.

SCRITTURA MOLTO RETTILINEA
Denota onestà, fermezza, costanza, determinazione

SCRITTURA ONDULATA (o serpentina)

Abili dissimulatori, bugiardi, indecisione, poco desiderio di assumersi responsabilità, elasticità mentale.

Essendo il tratto grafico un prodotto del cervello, anche la pressione che noi esercitiamo su un foglio (con la penna) rivela alcune nostre predisposizioni.

Una <u>FORTE PRESSIONE</u> (che nasce dall'inconscio, se calcata) rivela una buona energia vitale, salute sia fisica che psichica, fermezza, sensualità, materialismo, talvolta violenza.

Un <u>SEGNO GRAFICO LEGGERO</u>: indica dolcezza, delicatezza, vitalità più fragile, ma riesce a dominare gli impulsi naturali, ideali spirituali, ma poca predisposizione agli affetti. Stanchezza, difficoltà a superare i contrasti, poca sensibilità.

CARATTERISTICHE PRINCIPALI DEI TIPI DI SCRITTURE

❖ <u>CALLIGRAFIA ARMONIOSA E FLUIDA</u>

Denota equilibrio psico-fisico, persona che programma i tempi delle proprie attività e sa conciliare la sua vita lavorativa con quella della famiglia o dei suoi impegni sociali.

❖ <u>CALLIGRAFIA ANGOLOSA</u> (spigolosa con punte).

Indica energia, fermezza ma anche durezza, ostinazione, testardaggine. Ha sofferenze psicologiche e timori. Persone difficilmente influenzabili.

❖ <u>CALLIGRAFIA CON LETTERE ADDOSSATE</u> (le lettere attaccate fra loro.)

Soggetto con forti dubbi, imprevedibile, abile dissimulatore e approfittatore, opportunista, sofferente.

❖ <u>CALLIGRAFIA GRANDE E INVASIVA</u>

Che occupa tutta la pagina bianca, individui autoritari e invadenti, irruenza, emotività esaltante.

❖ <u>CALLIGRAFIA DISORDINATA</u>

Denota mancanza di equilibrio, distrazione, incapacità alla concentrazione. Ad una grafia disordinata corrisponde una mente non organizzata.

❖ <u>CALLIGRAFIA ACCURATA ED ELEGANTE,</u> eseguita con eccessiva cura

Molta attenzione ai dettagli, desiderosi di ottenere stima e considerazione. Volontà di imporsi in modo suadente o diplomatico. Lo scrivente non è spontaneo, ma ricerca la perfezione.

SIMBOLISMO DEL SEGNO GRAFICO

> *Il foglio di carta è il nostro ambiente*
>
> *dove noi ci espandiamo:*

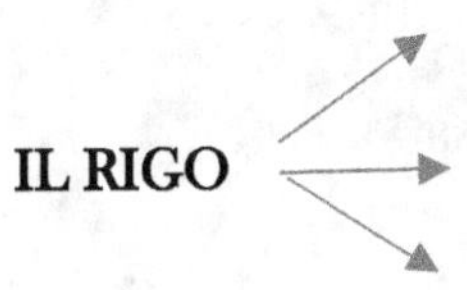

Simbolismo Spaziale del Foglio

Spirito - Immaginazione

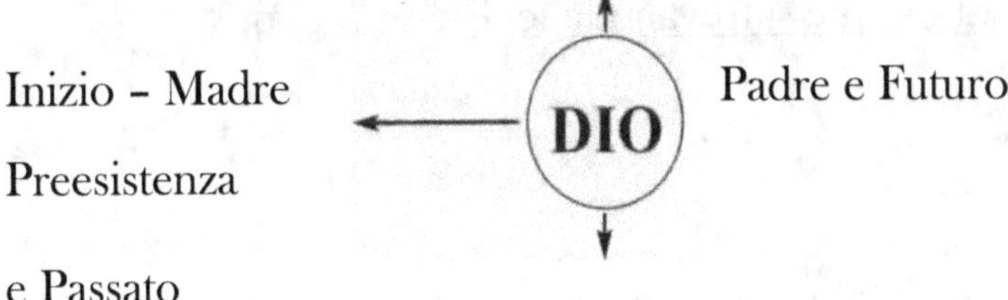

Elementi legati alla materialità

(sesso, successo, piacere, mangiare bene, sensualità)

LIVELLI GRAFICI

In una scrittura normale le singole lettere vengono inserite in tre
fasce orizzontali.

Esempio:

Fascia alta

Fascia centrale

Fascia bassa

<u>Nella fascia alta si trovano le lettere:</u>
b, d, f, h, l, t

<u>Nella fascia centrale troviamo le lettere:</u>
a, c, e, i, m, n, o r, s, u, v, z

<u>Nella fascia sottostante si trovano le lettere</u>: f, g, p, q,
talvolta la z

In questo caso le maiuscole vengono considerate a parte.

-       La <u>fascia superiore</u> rappresenta una tendenza verso lo
spirituale, talvolta mistico, con forte apporto alla immaginazione,
o forti spinte sentimentali, anche erotiche e forte ambizione.

- La <u>fascia media</u> rappresenta un collegamento più forte con la realtà, con legami ai cosiddetti valori.

- La <u>fascia sottostante</u> indica più materialismo mentre la g (grande e con parte sottostante lunga indica inclinazione al sesso).

VARI TIPI DL GRAFIA E
DISTANZE FRA LETTERE E PAROLE

- <u>La larghezza fra una lettera e l'altra</u>

Indica apertura verso il prossimo, espansione mentale, esternazione del sentimento.

- <u>Distanza normale fra le lettere:</u> Indica equilibrio

- <u>Lettere strette fra loro. avvicinate o addossate</u>

Indicano ristrettezza di sentimento, persona che non esprime liberamente, ansiosa, che ha paura del mondo, depressione

- <u>Distanza fra una parola e l'altra</u>

Indica ponderatezza, ragionamento, ma anche eccessiva riflessione che rischia di inibire una qualsiasi attività.

- Ristrettezza fra una parola e l'altra (poca distanza,)

Persone che preferiscono l'azione alla riflessione. Tendenza alla impulsività.

GRAFIA LENTA con ECCESSIVA ACCURATEZZA

Indica persona molto riflessiva, che tiene sotto controllo le sue tendenze, le emozioni, i sentimenti. Poca spontaneità, ligio alle regole e al buon comportamento.

Legature o meno fra le parole

- Quando nella stessa parola le lettere sono completamente legate fra loro, ciò indica acutezza mentale, nonché propensione a collegare i fatti e le circostanze.

- Mentre le lettere slegate fra loro, indica poca spontaneità, paura di sbagliare, insofferenza ad essere ripreso e mal sopporta le decisioni altrui. Il ragionamento prevale sull'istinto. Desiderio di chiarezza.

-      Tratto finale di parola allungato o calcato.

Indica aggressività, insofferenza talvolta derivanti dall'infanzia. Necessità di sfogo. Desiderio di competere e imporsi.

- <u>Grafia abbellita. arricchita o appesantita da tanti "Ghirigori"</u>

Indica necessità di protezione, poca fiducia in sé stessi, desiderio di perfezionismo, un tanto di manierismo,

- <u>Grafia con lettere disunite. staccate fra loro</u>

es: razionalismo

Indica tendenza all'analisi, ricerca del dettaglio, desiderio di controllare ogni cosa, mentalità schematica, eccessiva prudenza, tendenza alla critica.

<table>
<tr><td>tenere da un volto il mio dei</td></tr>
<tr><td><u>ANGOLOSA:</u> Esempio di grafia angolosa, rivelante energia, fermezza, testardaggine, durezza, ostinazione</td></tr>
<tr><td>Da un'ora sento che vi era mai</td></tr>
<tr><td><u>ARROTONDATA:</u>   dolcezza,   grazia,   pigrizia, immaginazione, vigliaccheria</td></tr>
<tr><td>Se penso che prima sul tuo affetto, ed</td></tr>
</table>

<u>MOLLE:</u> debolezza, inattività, depressione, stanchezza, disordine, respirazione o circolazione turbata
scritto all'unito è un guadagnare per
<u>LENTA:</u> lentezza di mente* ignoranza, prudenza, calcolo, timidità ingiustificata
come miei sono onirta
<u>LEGGERA:</u> delicatezza, debolezza, salute malaticcia, sensibilità tenui
Le mando la mia parola
<u>PESANTE:</u> materialismo, fermezza, sensualità, grossolanità, violenza, salute esuberante
Maggio Sorelle allora
<u>GROSSA:</u> energia, sensualità, golosità, grossolanità, idee tarde
Ho ammuizato un le spiegazioni che
<u>ARTIFICIALE:</u> dissimulazione, calcolo, riserva, diffidenza
Torno a pregarla di con la affia
<u>SEMPLIFICATA'</u> carattere insigniticantc, inattività, cattivo gusto, riserve mente piccola, pretese, riserve d'affetto, vanità in un {Ondo di volgarità
Ecco un'altra di Saper da misterioso

<u>**AGGRAZIATA:**</u> Buon gusto, amabilità, grazia, gioiezza, dolcezza, spirito

IL SEGNO

In riferimento al SEGNO, citiamo alcune considerazioni estrapolate dal libro del Prof. Moretti "Trattato di Grafologia".

Il Segno "CURVA" ha significati di Bontà, Altruismo ed effondersi ad ogni bene, inoltre il sorriso accompagna l'altruismo.

Mentre all'opposto il segno angoloso denota una certa tendenza alla durezza, all'egoismo e al risentimento, nonché ad un sentimento morboso del proprio "io".

Il segno talvolta svela ipocrisia e meschinità.

Senza l'amore per il bello e per l'arte, non si potrà mai debellare l'egoismo.

LA FIRMA

L'analisi grafologica deve considerarsi "completa" solamente se l'indagine viene effettuata sul testo e sulla firma, poiché una pagina scritta indica il carattere dello scrivente, mentre la sua firma indica ciò che lo scrivente vorrebbe essere; ne consegue che:

COME SCRIVI, SEI!

COME FIRMI, VORRESTI!

La parola firma deriva dal termine "fermo" e per traslato "io confermo" o più precisamente "io, rendo noto".

La firma è quindi un segno grafico che identifica specificatamente una persona e pertanto assume caratteristiche ed espressività uniche che la rendono disgiunta dall'argomento del testo. La firma non ha legami con il contenuto di una lettera, essa è l'espressione autentica dell'autore e i valori simbolici ed espressivi che contiene sono pregnanti di informazioni su talune tendenze caratteriali.

Nome e Cognome quando sono legati assieme da un filetto, esprimono la necessità o il desiderio di unire qualcosa che nel passato è stato diviso nella famiglia (es. la figura del padre e della madre) e ciò <u>non è stato accettato</u> pienamente.

<u>Le lettere iniziale molto grandi</u> rispetto al testo rivelano una sofferenza infantile che non è stata superata completamente.

❖ <u>Firma Sottolineata:</u> Necessità di essere considerato

Se la sottolineatura parte dal finale (della firma) ossia dal lato destro e ritorna alla sinistra es:

Significa che l'individuo tenta di imporsi.

Se la sottolineatura parte dall'inizio (ossia da sinistra verso destra)

Significa che lo scrivente è cosciente del suo grado elevato anche se non ancora riconosciuto.

❖ <u>Firma molto diversa dal testo:</u> Doppia personalità o persona che si occulta e che si maschera.

La firma è un marchio personale, è un "atto di responsabilità" e di "autenticità" sia nel campo sociale che professionale.

Mentre il contenuto di una lettera ha una sua logica; nella firma ci si può sbizzarrire a propria scelta.

Taluni ingrandiscono oltre modo le maiuscole altri aggiungono ghirigori o svolazzamenti vari, altri sottolineano la propria firma, quasi a volerla presentare sul piatto d'argento.

Tutto ciò ha una chiave di lettura che può far affiorare le tendenze e i desideri più reconditi dell'essere umano.

I nomi ed i cognomi hanno origini lontane.

I cognomi sono un retaggio delle epoche Romane, ma a partire dal IV Sec. d.c. apparvero sui documenti dell'epoca il "NOMEN ed il COGNOMEN" poiché il nome da solo poteva essere scambiato con un altro eguale si aggiunse il cognome che indicava anche il gruppo famigliare di appartenenza.

Molti cognomi derivano da luoghi geografici: Bricco (che abitava in altura). Piana chi abitava in pianura, e cosi vale per Alpina, Prato, Collina, ecc.

Altri cognomi derivano da professioni: Ferrero o Ferrante (chi lavora il ferro), Bottaro (costruttori di botti), Farina (i mugnai), Salino, Saliceto, Salemi (trasportatori di sale).

Altri si richiamavano a cose o fatti vari: Fontana, Casati, Del Bosco, Calmieri, Oliva, Carbone, ecc.

Il mondo ebraico, oltre ai nomi biblici, Levi Cohen, Sacerdoti, molti loro cognomi derivano da nomi di città o animali: Modena, Piacenza, Mortara, Rimini..

Nel Concilio di Trento (1564) si stabilisce di riportare sui registri parrocchiali le date di nascita e i nomi di battesimo (ciò per evitare nozze tra consanguinei, allora piuttosto numerose, specie nei piccoli centri abitativi, e per evitare deformazioni fisiche.

Il nome quindi indica l'individuo singolo, il cognome indica l'origine o il passato della propria discendenza.

LA FIRMA RISPECCHIA FEDELMENTE

IL PROPRIO IO

LA FIRMA È L'IO SOCIALE

❖ <u>Firma in stampatello</u>: denota un certo autocontrollo

Nascondimento di una parte di sé non rappresentabile ad altri, auto disciplina, talvolta poca socievolezza.

❖ <u>La firma più grande del testo</u>: autostima Del voler farsi conoscere. Sicurezza

❖ <u>La firma più piccola</u> = riservatezza, timidità

<u>LE PARAFFE</u>

Sono elementi o ghirigori aggiuntivi posti in fine di parola o sottolineature, indicano vanità o elemento di autoaffermazione.

In alcuni casi vi sono linee orizzontali che ritornano indietro coprenti tutta la firma come un taglio quasi a cancellare la propria firma.

<u>Nota</u>

Sia la calligrafia normale, che la firma, possono venire modificate a seconda dello stato emozionale della persona o lo stato di salute.

Esempio:

Risulta che Napoleone Bonaparte, prima di diventare Imperatore, si firmava con nome e cognome più o meno uguali, ma diventato Imperatore (scompare il Bonaparte) e firma solo "Napoleone " con una N grandissima.

Inoltre la N campeggia sulle divise militari, sui bicchieri del Cognac, su porcellane ecc.

Dopo la sconfitta di Waterloo la N -maestosa- si riduce di molto. In sintesi possiamo rilevare che ***La nostra firma esprime le nostre emotività perciò***

Se è leggibile = chiarezza nel soggetto

Se è illeggibile = desiderio di nascondersi; falsità

Ampollosità = desiderio di grandezza e ambizione

Piccola = falsità, mancanza di esuberanza

Una firma collocata molto in basso rispetto al testo =desiderio di imporsi e autoaffermarsi

Firma tagliata in orizzontale   è un voler cancellare la propria firma o lasciare alcune cose in discussione

Una firma più piccola del testo modestia vera o falsa

Una firma più grande del testo amor proprio e bisogno di autoaffermazione.

CARATTERISTICHE GRAFICHE DELLE LETTERE

A *A*	Immaginazione Perseveranza	*a a a a*	Cultura – gentilezza (Piccola) Riserbo Attivismo Brutalità
B B B	Eleganza Ambizione – rurberia Fedeltà	*b b*	Espansività Riserbo – individualismo
C l C	Armoniosità Rigidezza Egoismo		Equilibrio Disattenzione
D D D	Eccentrico Violenza Semplicità	*d d d d d d*	Mente elevata Banalità Egoismo Esaltazione Con occhiello molto lungo = timidezza Con asta corta e dritta = avidità sopita Con asta alta e dritta = idealismo

			Come una nota musicale = alte aspirazioni
	Emotività, sofTerenzc giovanili Equilibrio Pragmatismo		Semplicità Egoismo Immaginazione (Piccola) = Diffidenza Arrotondata = scarsa affettività

<table>
<tr><td colspan="4">CARATTERISTICHE GRAFICHE DELLE LETTERE</td></tr>
<tr><td></td><td>Immaginazione

Fermezza

Introspezione</td><td></td><td>Molto elaborata = persona autosufficiente

Occhiello stretto = molta precisione

Corto sotto la linea = mancanza di vigore

Lungo sotto la linea = Virilità</td></tr>
<tr><td></td><td>Grandiosità e sicurezza

Materialità

Insicurezza</td><td></td><td>Cultura –
Rigore Sesso
senza cuore
Prevaricazione
Imprevedibilità</td></tr>
<tr><td></td><td>Immaginazione</td><td>;</td><td>Occhiello lungo = Fantasia
Occhiello corto = Pragmatismo</td></tr>
</table>

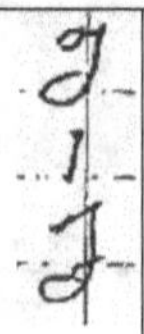	Individualismo Ragionamento Dolcezza - Armonia	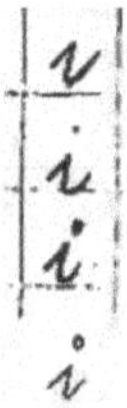 O _	Senza puntino: Sbadataggine Puntino debole: Debolezza Puntine forte: Passione o prepotenza Con occhiello = Affezione Segno grafico delle ragazze giovani Punto spostato a destra: Mente lenta Punto a sinistra: Retrospezione Punto molto in alto: idealismo Punto in basso: Praticità Punto con un apostrofo: Arguzia Punto come una v: Passionalità

CARATTERISTICHE GRAFICHE DELLE LETTERE

	Dolcezza Senso artistico Discrezione		Occhiello lungo c stretto Esigente Dolcezza Fermezza — Ardore (Piccola come una e) Indifferenza
	Come minuscolo Semplicità Prima asta alla Orgoglio Ultima asta in basso Desiderio di filga Aspirazioni elevate		Forza — Eleganza Fermezza Dolcezza
	Esaltazione Fermezza Pessimismo		Equilibrio Forte attività (Come una u) = Passionalità
	(Larga) apertura (Grandiosità e (Stretta) Calcolo Eccentricità Desiderio di affetto (Larga c verso l'alto)		(Occhiello largo) (Senza gambclta) (Piccola) (Aperta)
9			Vivacità Dolcezza Ordine — Cultura Disordine

	Sensibilità — Forza Costanza Timidezza		

CARATTERISTICHE GRAFICHE DELLE LETTERE			
	Estrosità		
	Semplicità		Umiltà Tristezza Dispotismo Aggressività — Alterigia Senza trattino Egocentrismo (Con tratto a destra) (Con tratto a sinistra)

Parte Quinta

GRAFIE A CONFRONTO

GRAFIA DI MICHELANGELO BUONARROTI

Autografo del sonetto *"L'ho già fatto un gozzo in questo stento"*.

Lo schizzo sul margine è dello stesso Michelangelo.

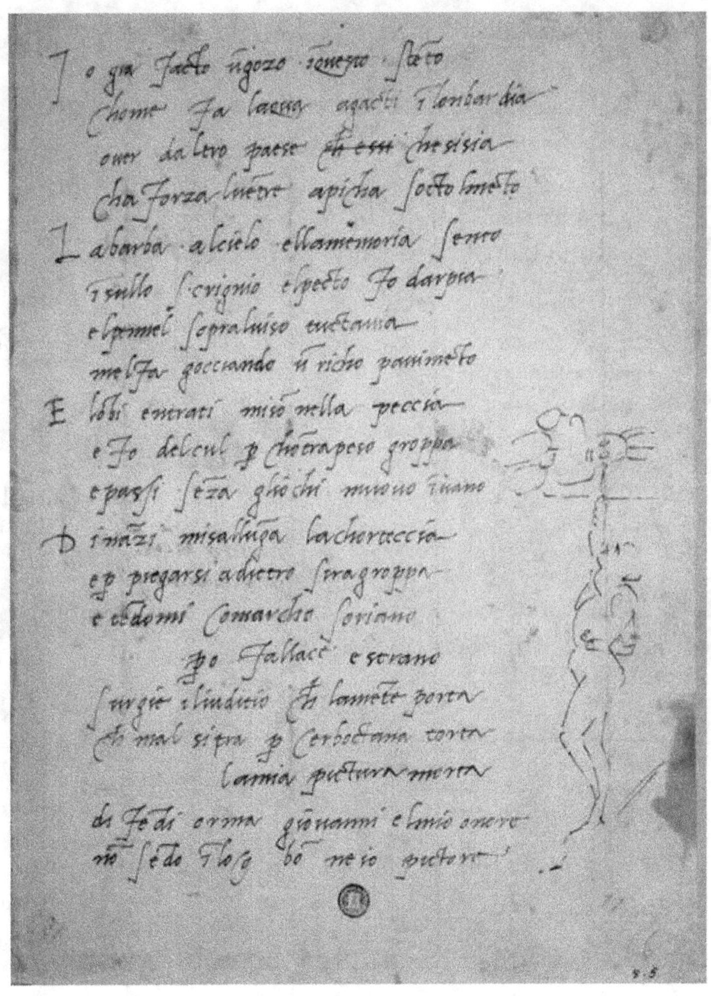

- Le aste in alto e in basso sono equidistanti dal rigo centrale e ciò indica EQUILIBRIO.

- L'inclinazione a destra indica passionalità e altruismo.

- Chiarezza di idee e determinazione

GRAFIA DI LEONARDO DA VINCI

- La sua grafia calcata indica forza fisica e mentale

- L'inclinazione delle lettere, leggermente a sinistra è classica delle persone razionali.

- Lo stacco fra le lettere e una certa distanza fra le parole indicano pacatezza nel ragionamento e nell'esposizione verbale.

- Audacia ed ampia visione delle cose

- Velata tristezza

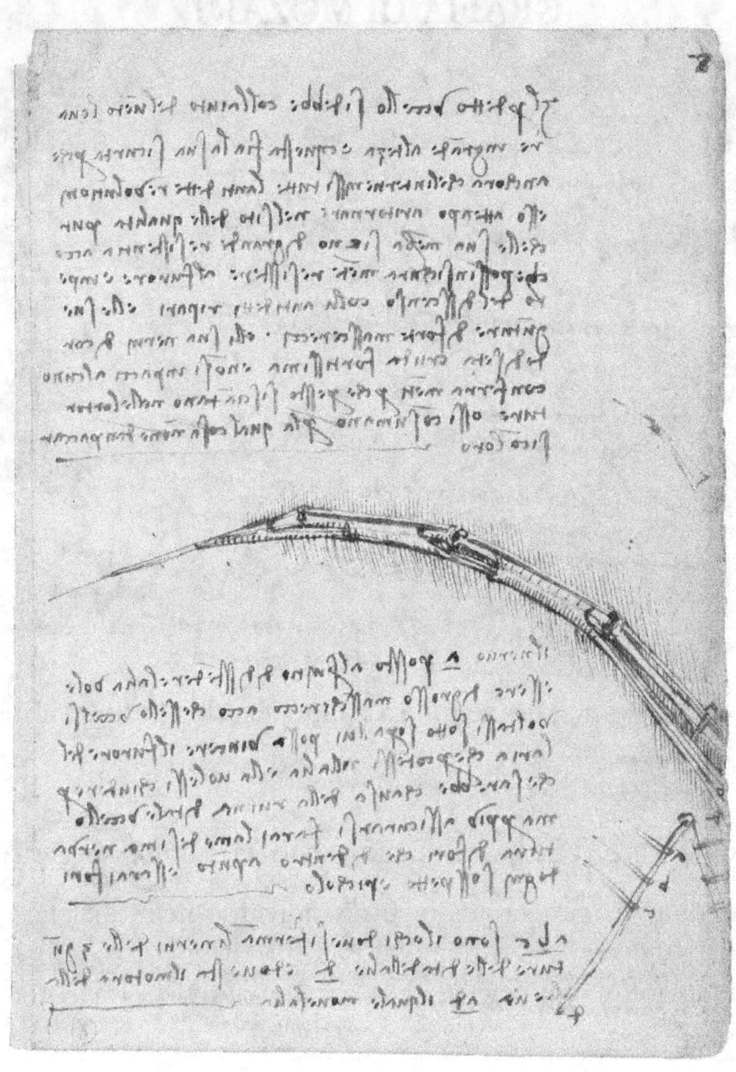

Codice sul Volo degli Uccelli – foglio 07R

GRAFIA DI MOZART

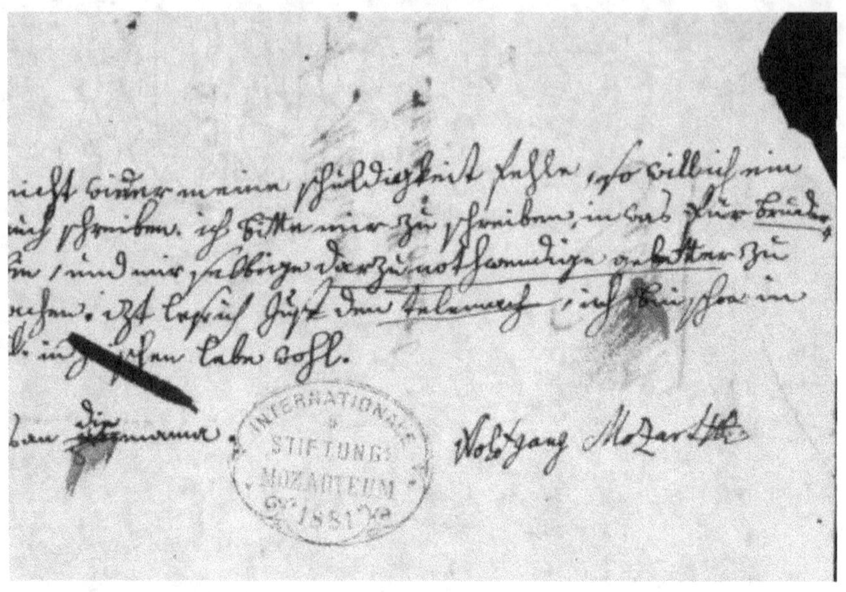

Il cognome davanti al nome indica come per Mozart fosse importante la paternità.

Le sottolineature, che però stanno sotto al nome, suggeriscono il desiderio di affermare sé stesso come individuo nella società:

Il tratto spigoloso indica rigidità caratteriale, lo scrivente ha dei risentimenti.

Vede negli altri dei nemici. Sovente è invidioso e cerca di cogliere in fallo altre persone.

Ama fare la vittima. È intraprendente e volitivo.

GRAFIA DI VOLTAIRE

Francois Marie Aronet de Voltaire nacque a Parigi il 20/02/1694 e
morì nel 1778.

I caratteri somatici indicano tipo triangolare, intellettuale, astuto,
volitivo, sarcastico, amante dei riconoscimenti. I suoi grandi occhi
penetranti esprimono ampiezza di orizzonti e interessi culturali e
pratici.

La grafia rivela ottimismo (Le stanghette verso l'alto), il segno
marcato rivela carattere poco conciliante, la scrittura molto inclinata
a destra indica molta fantasia ed esaltazione.

Pagina autografata di Voltaire sul caso Calas,

che ispirerà il "Trattato sulla Tolleranza".

GRAFIA DI GIUSEPPE GARIBALDI

La sua grafia inclinata a destra indica un forte sentimento nel suo operare.

Grafia sciolta, veloce, come il suo essere.

Alcune compiacenze estetiche (anche nel vestire). Stretti i margini, piena fu la sua vita di avvenimenti che lo resero eroe dei due mondi. Alto in lui il senso della giustizia. Parco e franchezza totale. La sottolineatura ondulata della firma è il suo desiderio di imporsi.

Lettera indirizzata alla madre di Mameli. 1864

- Grafia leggibile: franchezza di ideali e risolutezza

- Grafia inclinata a destra: Estroversione e sentimentalismo

- Stanghette delle T lunghe: Audacia e amore per la sfida

- La G maiuscola grande: Grandi ideali

- Firma sottolineata e ondulata: Desiderio di imporsi

- Amore per l'estetica, parsimonioso e ottimista

GRAFIA DI GUGLIELMO MARCONI

Premio Nobel nel 1909 per la sua scoperta sulla telegrafia senza fili e la radio.

La grafia rivela la sua tendenza alla precisione, una certa rigidità caratteriale, desiderio di affermarsi e ottenere riconoscimento.

Severo ma leale.

GRAFIA DI GABRIELE D'ANNUNZIO

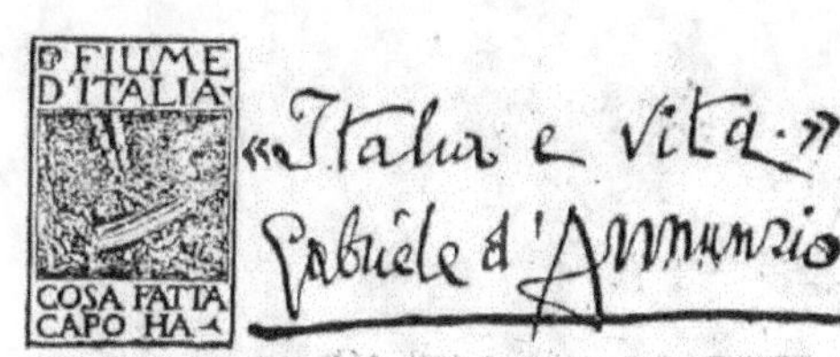

Poeta, drammaturgo e uomo politico. Il suo nome vero fu Antonio Rapagnetta.

Caratteristiche grafiche:

La sua grafia grande ed elegante, ma leggibile, indica grandi ideali espressi con chiarezza, senza tentennamenti. Una certa rigidità del tratto grafico, rivela una forte determinazione. La stesura curata e gradevole proviene dal suo raffinato culto per la bellezza in senso lato. Il margine a destra ristretto lascia intendere una tendenza alla parsimonia. La sottolineatura della firma denuncia un grande ego ed un desiderio di imporsi e di storicizzarsi. Una grande audacia, ma calcolata. Passionalità nell'azione.

Amica nemica;
Delizia delle de-
lizie, tormentatrice di
là da tutti i tormen-
ti!

alla fine del tuo fo-
glio tu mi raffiguri
la tua bocca sovruma-
na nell'atto di farla
più rossa col minio

GRAFIA DI MARTIN LUTERO

La sua firma lunga e marcata indica decisionismo, ordine mentale, desiderio di imporsi. Lettere iniziali grandi esprimono caparbietà e originalità. Il mento prominente rivela audacia nella lotta.

GRAFIA DEL PRIORE FRANCESCO RUBERI

Documento di ricevuta del Priore G. Fr. Ruberi. Anno 1739

Grafia rivolta a destra indica passionalità e grandi ideali. I puntini in corrispondenza delle i indicano ordine. Le stanghette lunghe in alto e in basso denotano un'alternanza di vivacità e di incertezza. Evidente gusto estetico.

GRAFIA DI DARWIN

Scrittura minuta indica precisione ma una certa tendenza all'introversione. Le stanghette a basso denunciano una dose di tristezza. Lungimiranza.

GRAFIA DI OSCAR WILDE

Dublino 1854. Parigi 1900.

- Grafia marcata: Decisionismo caratteriale

- Lettere distaccate: indica cautela nell'esprimersi

- Stanghette verso il basso: pessimismo

GRAFIA DI ETTORE FERRARI

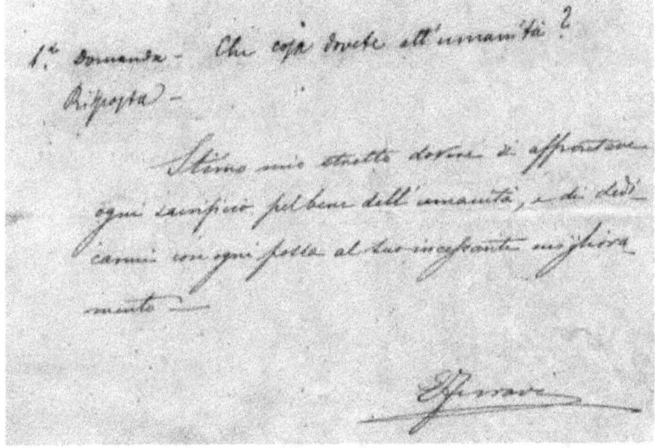

Scultore, pittore e politico.

Il tratto grafico di Ferrari rivela una sua inclinazione alla ricerca della perfezione estetica, con un forte sentimento e desiderio di esser riconosciuto come artista. L'estetica primeggia sulla praticità.

GRAFIA DI ALESSANDRO MANZONI

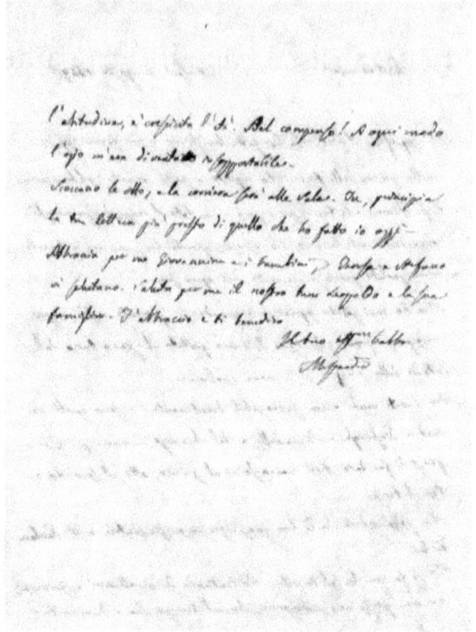

Lettera Autografa inviata al figlio Pietro

Il segno grafico marcato indica desiderio di affermazione. Personalità mossa da grandi slanci sentimentali e ideologici. Dotato di costanza. Le stanghette verso il basso denunciano un velo di tristezza. La lettera "d" col ricciolino esprime ricercatezza della sua persona.

GRAFIA DI DON BOSCO

Dolente di non aver potuto più presto dar evasione a quest'affare spero che V. S. saprà investirsi delle molte mie occupazioni e compatirmi. Frattanto mi è caro il presentarle i miei cordiali rispetti ed auguri di ogni celeste benedizione mentre godo professarmi con tutta stima

Di V. S. Ill.ᵐᵃ

Obb.ᵐᵒ Servitore
Sac. Gio Bosco

Tendenze caratteriali (Tipo quadrato)

Cauto, ambizioso, razionale, caparbio. Vive secondo ideali di giustizia e con desideri di rivalsa, convinto delle sue buone ragioni.

Fermezza interiore e talvolta rigido nei giudizi.

Poco indulgente anche con sé stesso, spirito imprenditoriale, ma tutto rivolto al bene.

Desiderio di primeggiare, ma fiducioso nella Provvidenza.

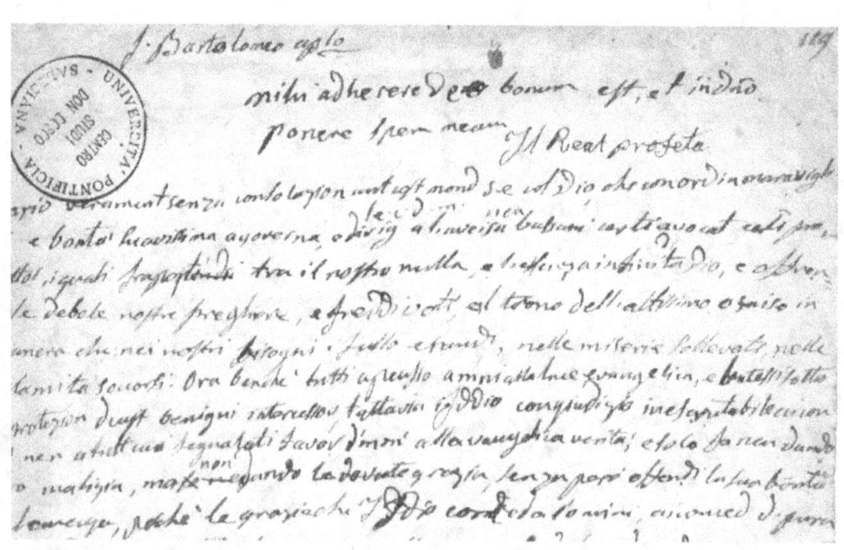

GRAFIA DI FRANCESCO TAMAGNO

Tenore lirico 1850-1905

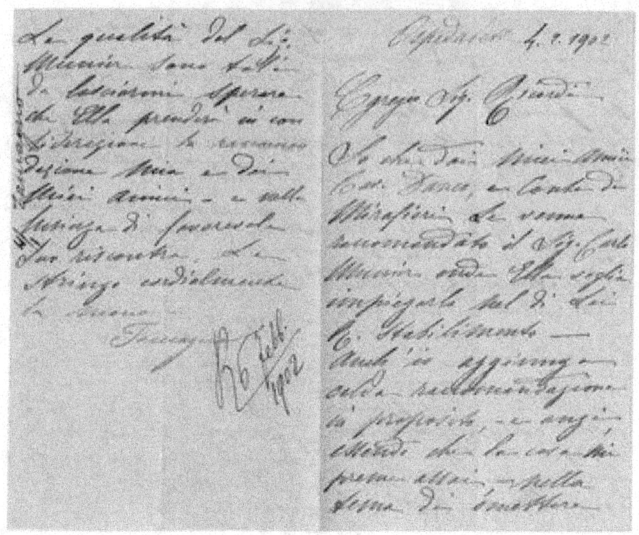

Lettera Autografa firmata. Inviata a Giulio Ricordi. **1902**

Permane in lui una velata tristezza se pur superata dai suoi successi. Permane in lui un forte sentimentalismo. Amò i piaceri della vita (lo indicano le lunghe g).

Il cognome davanti al nome è l'afflato famigliare, in lui sempre presente. Forte desiderio di grandezza (si costruì una tomba alta 34 mt. tuttora visibile presso il cimitero monumentale di Torino).

Fu generoso e filantropo.

GRAFIA DI GIUSEPPE VERDI

Lettera inviata a Tamagno

1899

Persona riservata, cauta
con una certa durezza
nei modi ma con onestà
estrema. Grafia variegata
indica che ebbe molti
interessi realizzati
ottimamente. Si impose
solo con le sue forze.

GRAFIA DI ARRIGO BOITO

Compositore musicale e poeta romantico, nato a Padova (1842-1918), visse a Milano dove fu massimo rappresentante della scapigliatura lombarda.

Per Ponchielli scrisse il libretto della Gioconda; per Verdi scrisse i libretti dell'Otello e del Falstaff. Fu garibaldino e senatore nel 1912.

Un suo busto è nel teatro alla Scala di Milano. La grafia decisamente rivolta a destra indica forti ideali e passionalità.

La mancanza del margine a destra denota avarizia.

Le stanghette lunghe al basso, vanno alla ricerca di piacere. La firma più grande del testo e sottolineata: desiderio di mettersi in mostra.

AVV. CARLO NASI,
TORINO
3 - Via Assarotti - 3

11 ottobre Milano

Amabilissimo Signor Avvocato.

Ella mi invita a sentire la vera Vicenza, nata non so bene da chi a squadrarmi tra Lei, che asserisce non aver il Verdi appurato il Tamagno nella parte di <u>Otello</u> — Codesta fanfaluca, è da mente non ha bisogno di essere disdetta; svanisce da sè a guisa d'una bulla

                        cui mandi l'acqua sotto quel di feo.

Giuseppe Verdi che nei propri giudizii sugli artisti e sull'arte non errò quasi mai, elesse in Lui suo protagonista il Tamagno dell'immane tragedia prima ancora di scriverla; egli fu quindi il primo ad intuirne la personalità la interpretazione.

Poi, quando l'opera fu compiuta e messa allo studio egli fu il primo ad ammirare nel Tamagno il cantore ed il tragedo; questi anzi serpassò di gran lunga l'aspettativa del Maestro.

Se a Giuseppe Verdi spetta l'altissima gloria di essere fra tutti i chiostatori dello Shakespeare, il più grande, spetta a Tamagno quella d'essergli stato cooperatore in così augusto assunto, passando di trionfo in trionfo sotto l'effigie del Moro di Venezia, davanti i più colti pubblici del mondo.

Accolga, caro avvocato, i saluti della mia cordiale ed antica amicizia

                                    Arrigo Boito

GRAFIA DI RICHARD WAGNER

Poeta, musicista,

compositore tedesco.

Lipsia 1813-1883 Venezia

Carattere volitivo, mento prominente, perciò tenace, combattivo, passionale, veloce nell'intuizione, senso artistico, approfittatore.
La sua grafia rivolta a destra indica sentimentalismo.

Mentre la sottolineatura sotto il cognome denuncia il desiderio di storicizzarsi.

GRAFIA DI BENEDETTO CROCE

Le lettere attaccate indicano ansietà e presenza di forti dubbi, superati da profonde riflessioni.

La sua grafia caratterizzata da una discreta inclinazione a destra, rivela passionalità e altruismo.

Le iniziali grandi della firma rivelano una sofferenza infantile, mai dimenticata.

GRAFIA DI FRANCESCO CIRIO

Inclinazione molto a destra.

Molta fantasia nel suo operare pratico.

Puntini disegnati sulle i: amante dell'ordine.

Firma tagliata a metà da una lunga linea, un rivalutare la sua persona anche per aiutare il prossimo.
Amò il successo, ma fu pure un onesto filantropo.

GRAFIA DI RITA LEVI MONTALCINI

Tracciato grafico leggero, lettere distaccate, stanghetta della T lunga, fermezza di carattere e resistenza alla lotta.

Le lettere distanziate lasciano larghi spazi al ragionamento. Appassionata al suo lavoro.

GRAFIA DI BENITO MUSSOLINI

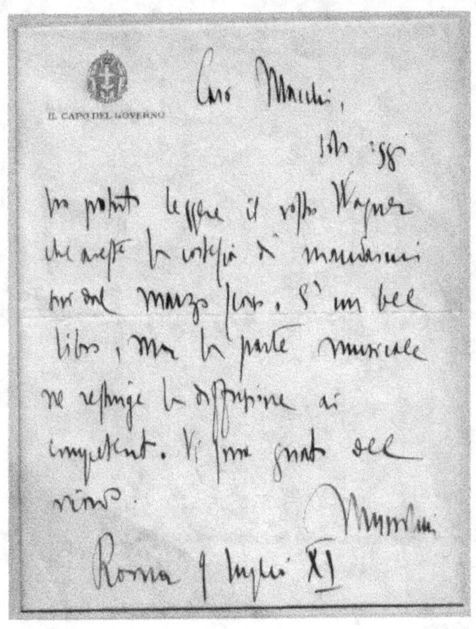

Le sue caratteristiche somatiche rientrano nel tipo "quadrato".

La sua grafia, grande, calcata, spigolosa indica forza, risolutezza, desiderio di grandezza, istrionismo.

I margini del foglio, stretti sul lato destro, denunciano una certa propensione all'avarizia.

Le stanghette lunghe della t indicano orientamento verso la lotta.

Le linee verticali alte e basse rappresentano inclinazione ad alti ideali senza trascurare i piaceri materiali della vita.

GRAFIA DI FEDERICO FELLINI

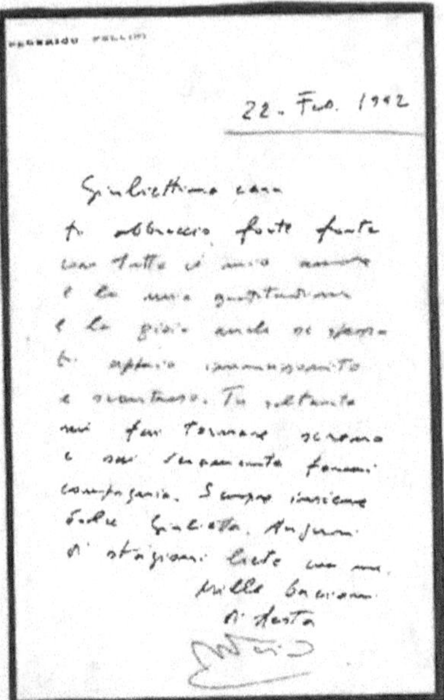

Federico Fellini e Giulietta Masina
a una serata mondana nel 1983.

La sua grafia indica un certo infantilismo caratteriale, una estrema sincerità e chiarezza di sentimenti.

Viva fantasia, sognatore, severità nell'operare. Aperto verso i l prossimo. Grande osservatore e riflessivo. Dotato di buon senso. I suoi eventuali rischi sono sempre ben calcolati. Caratteristiche grafiche. Lettere e parole staccate. Eccentrico.

GRAFIA DI SILVIO BERLUSCONI

Firma leggibile, chiarezza di espressività

Le stanghette verso il basso indicano un certo pessimismo di base, un ricordo alle sue lontane origini modeste. Un forte desiderio di realizzarsi si nota dai segni in altezza. Una specie di cappello sopra la B maiuscola è la ricerca di un elemento protettivo. Grafia scorrevole indica capacità di decisioni anche affrettate. I puntini sulle i rivelano ordine in senso lato.

GRAFIA DI GIROLAMO MORETTI

Monaco francescano, nasce a Recanati nel 1879. Fin da giovane fu un appassionato dello studio della Grafologia e nel tempo elaborò un metodo scientifico basato su una attenta e profonda osservazione sulle caratteristiche grafologiche.

A tale studio abbina altre sue conoscenze sulla medicina, psicologia, sociologia.

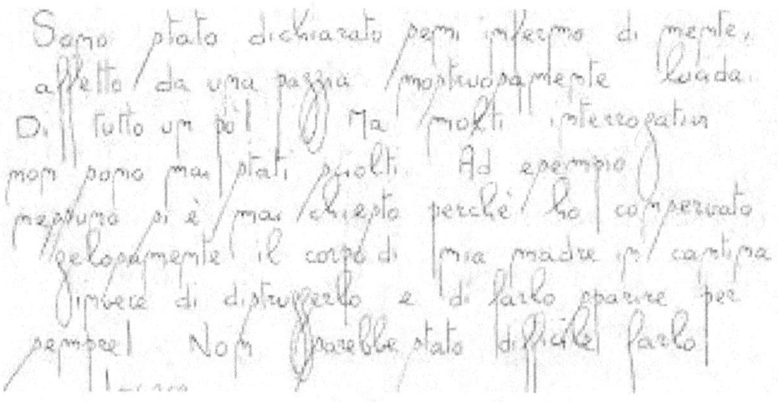

Nel 1959 dà vita ad uno STUDIO GRAFOLOGICO, dal quale sorgerà la "SCUOLA SUPERIORE di STUDI GRAFOLOGICI" dell'Università di Urbino.

Ringraziamenti

Sono grato alla Signora Giuseppina Ranalli (Perito Grafico Giudiziario), docente dell'ottimo corso sulla Grafologia (Sistema Morettiano).

Un ricordo al compianto Pre/Sartoretto - Verna profondo conoscitore di Fisiognomica e Grafologia, Consulente Aziendale, Direttore Vendite alla Olivetti ed alla Westinghouse americana.

INDICE

BIBLIOGRAFIA

- Anne L. Biwer: "*Iniziazione alla Fisionomica - Interpretare le caratteristiche del corpo*", Edizioni Mediterranee – Roma, 2006

- Paolo Bruni, "*Manuale di grafologia. Guida completa all'interpretazione della scrittura*", Ed. Vallardi A, 2018

- Ester Patricia Ceresa, "Manuale di morfofisiognomica. Viso e corpo rivelano i tratti del temperamento, del carattere e della personalità (Vol. 1)", Ed. Cisu, 2019

- Iride Conficoni, "*Tecnica dell'analisi grafologica. La metodologia morettiana*", Ediz. Epsylon (Roma), 2018

- Jean Jacques Courtin - Claudine Haroche, "*Storia del Viso*", Sellerio Editore – Palermo, 1992

- J. Kaspar Lavater, "*La fisiognomica*", Editore Atanòr, 2008

- Julien Leclercq, "*La Physionomie - D'apres les Principes d'Eugéne Ledos – Visages et Caractères*", Paris, Chez Tuos Les Libraires

- Giovanni P. Lombardo, Marco Duichin, "*Frenologia, fisiognomica e psicologia delle differenze individuali di Franz Joseph Gall. Antecedenti storici e sviluppi disciplinari*", Bollati Boringhieri, 1997

- Marco Pacori, "*Come interpretare i messaggi del corpo*", Ed. De Vecchi, 2010

- Nazzareno Palaferri, "*L'indagine grafologica e il metodo morettiano*", Ed. EMP, 2011

- Patrizia Magli, "*Il Volto e L'Anima - Fisiognomica e Passioni*" Edizioni Bompiani,1996.

- Daniel Mcneill: "*Storia e Segreti del Volto Umano*", Saggi Mondatori, 1999

- Girolamo Moretti, "*Trattato di grafologia. Intelligenza, sentimento*", Ed. EMP, 2006

- Carolina Morselli, "*La Fisionomica. Studio del Volto e dei movimenti. Conoscere le persone a prima vista*", Ed. Viversani e Belli, 1999

- Lamberto Torbidoni, Livio Zanin, "*Grafologia. Testo teorico-pratico*", Ed. Scholé, 2019

- Rivista "*Le Caractére e le Visage*", Ed. Vaudeville – Paris, 1917

www.ingramcontent.com/pod-product-compliance
Lightning Source LLC
Chambersburg PA
CBHW050728260726
48661CB00001B/127

* 9 7 9 8 8 7 0 5 1 4 4 4 4 *